RENATE HUDAK

# Obst & Gemüse

## Schritt für Schritt zum Küchengarten

› So legen Sie Ihren Küchengarten richtig an
› Wie Sie Obst, Gemüse und Salat erfolgreich pflegen

RENATE HUDAK

# Obst & Gemüse

Über 220 Farbfotos von Jutta Schneider/Michael Will und anderen bekannten Gartenfotografen
Illustrationen von Heidi Janiček

Inhalt

1

# Planung

# Was haben Sie zu bieten?

Obst und Gemüse im Garten anzubauen liegt voll im Trend. Ja, sogar auf Terrasse und Balkon können Sie voller Stolz liebevoll kultivierte Salatköpfe und Erdbeeren ernten! Möchten Sie schon bald in selbst gezogenem Obst und Gemüse schwelgen, dann machen Sie zuerst eine Bestandsaufnahme.

**Wie groß** ist Ihr Garten insgesamt? Welche Fläche können Sie den Nutzpflanzen zur Verfügung stellen? Haben Sie fast ausschließlich Sonne im Garten oder handelt es sich eher um ein Schattenreich? Ist ausreichend ebener Platz für Salat- und Gemüsebeete vorhanden? Können Sie Obstgehölze pflanzen, ohne dass diese Sie selbst oder den Nachbarn durch Schattenwurf und Laubfall beeinträchtigen oder gar stören? Versuchen Sie, möglichst vor dem Pflanzen alle wichtigen Dinge in Betracht zu ziehen, die mit der Bestellung eines eigenen Obst- und Gemüsegartens einhergehen. Haben Sie auch genügend Zeit für regelmäßig anfallende Pflegearbeiten wie gießen, hacken, düngen und mulchen? Auch in der Urlaubs- und Ferienzeit sollte – zumindest während der heißen Sommermonate – eine ausreichende Pflege Ihres Gartens oder Ihrer Salattöpfe auf »Balkonien« gewährleistet sein, sonst war alle vorangegangene Mühe umsonst.

## Die eigenen Wünsche

Werden Sie sich zuerst über die Gegebenheiten vor Ort und über Zeit und Aufwand, die Sie aufbringen können, klar. Überlegen Sie dann, wie Ihre Gartenträume aussehen. Bedeutet für Sie Nutzgarten vor allem »Lebensmittellieferant« oder wollen Sie eine schön gestaltete Gartenanlage mit Obst, Gemüse, Kräutern und bunten Blumen? Möchten Sie Ihre vierköpfige Familie überwiegend mit Obst und Gemüse aus dem eigenen Garten versorgen? Oder wollen Sie vor allem Salat und etwas Naschobst für die Kinder immer frisch zur Hand haben? Genügt es Ihnen, einfach einige Gemüsebeete und ein paar Beerensträucher in schon vorhandene Gartenflächen zu integrieren, oder ist Ihnen auch beim Nutzgarten eine ansprechende oder originelle Gestaltung wichtig? Lassen Sie ruhig alle Ihre Gartenträume aufsteigen, um das Bild Ihres Wunschgartens möglichst konkret herauszuarbeiten. Dann wird die Planung Ihres Obst- und Gemüsegartens von Erfolg gekrönt sein.

*Obst, Gemüse und Salat kann auf vielfältige Art und Weise in den Garten integriert werden und zur Gestaltung beitragen.*

# Wo sich Obst und Gemüse wohl fühlen

Wie sieht der optimale Standort für die einzelnen Obst- und Gemüsearten aus? Was können Sie tun, wenn Sie den nicht haben? Gibt es dann eventuell irgendwelche Alternativen?

**Ausschlaggebend** für Ihr Obst- und Gemüsesortiment sind Platzangebot, Standortbedingungen und Bodengegebenheiten. Ein Apfelbaum z. B. braucht viel mehr Platz als ein Beerenstrauch. Auberginen und Tomaten sollten einen möglichst sonnigen Standort bekommen, und Kultur-Heidelbeeren bevorzugen einen sauren Boden.

## Viel oder wenig Platz?

- Beerensträucher benötigen 1,5–2,5 m² Standraum und werden 1–1,5 m hoch. Obstbäume beanspruchen je nach Sorte bereits 5–25 m² Standraum und können eine Stammhöhe von 1,8 m erreichen (→ Seite 22). Große Bäume dürfen Sie auch nicht beliebig nah an Nachbars Zaun pflanzen. Hier sind festgelegte Grenzabstände einzuhalten (→ Tipp Seite 64). Wenn Sie nur wenig Platz haben, dann entscheiden Sie sich für Spindelbüsche, Busch- und Spalierbäume (→ Seite 22). Der Stamm bei Spindelbüschen wird nur ca. 60 cm hoch, die Krone bleibt wegen der Spindelform entsprechend klein; Buschbäume haben ebenfalls einen ca. 60 cm hohen Stamm, ihre Krone ist jedoch ausladender. Die Kronen von Spalierbäumen werden durch Schnitt in eine flache Form gebracht, die nur wenig Raum einnimmt.
- Kletterndes und rankendes Obst wie Kiwi oder Weinrebe lässt sich Platz sparend an Wänden, Mauern, Zäunen und gespannten Drähten kultivieren – der Standort muss nur ausreichend sonnig sein!
- Für ein Salat- und Gemüsebeet sollten Sie eine Mindestgröße von 1,5 x 2 m veranschlagen. Für ein gutes Sortiment an Salaten und Gemüsen brauchen Sie für eine vierköpfige Familie schon 3–4 Beete in dieser Größe.
- Steht Ihnen für Obst und Gemüse nur das begrenzte Platzangebot eines Balkons oder einer Terrasse zur Verfügung, dann wählen Sie gezielt spezielle niedrige, klein bleibende, kompakt oder schlank

*Als Spalier an der Hauswand bekommen Kiwis genug Wärme, um viele süße Früchte zu liefern.*

*Artischocken lieben Sonne und Wärme. Geben Sie ihnen daher einen entsprechenden Platz im Garten.*

wachsende Sorten und/oder Hängeformen aus.

## Sonne und viel Wärme

Je mehr Sonne und Wärme Obst und Gemüse bekommen, umso besser wird es ausreifen und umso feiner wird das Aroma werden.

▪ Sie können Ihr Gemüse vor Zugluft, Wind und kalten Temperaturen schützen, wenn Sie eine niedrige Beeteinfassung aus immergrünem Buchs (→ Seite 15) oder Kräutern wie Lavendel oder Ysop anlegen – das sieht zudem noch schön aus. Auf keinen Fall sollten Bäume oder Gebäude die Beete längere Zeit beschatten – mangelhafte Ausreife und verstärkter Krankheits- und Schädlingsbefall wären die Folge.

▪ Beim Obst sind vor allem Aprikose, Pfirsich, Kiwi und Tafeltraube besonders sonnenhungrig. Fehlt es im Garten an sonnigen Plätzen, dann pflanzen Sie diese Obstarten in Form von Spalieren ans Haus. Hier können sie die Wärme von besonnten Wänden und Mauern nutzen.

▪ Wenn Sie Obst und Gemüse auf Balkon und Terrasse anbauen wollen, ist eine Ausrichtung nach Süd-Ost oder Süd-West besonders vorteilhaft.

## Der Boden macht´s

Für den Küchengarten eignet sich am besten ein lockerer, humusreicher Boden. Auf sehr mageren, nährstoffarmen Böden gedeihen Obst und Gemüse meist schlecht, weil sie auf Dauer zu wenig »Futter« bekommen. In nassen, schweren Böden fehlt den Pflanzenwurzeln Luft, sie »ersticken« förmlich. Im Unterschied zum Standort können Sie jedoch den Boden mit geeigneten Maßnahmen (→ Seite 36/37) den Ansprüchen von Obst und Gemüse anpassen.

## Last oder Lust?

Für manche Gartenbesitzer ist Gartenarbeit »die reinste Erholung«. Überlegen Sie sich gut, ob das auch für Sie zutrifft, bevor Sie einen großzügigen Obst- und Gemüsegarten anlegen.Vor allem Obstgehölze verlangen hinsichtlich ihres Schnittes (→ Seite 74/75) einen größeren Zeitaufwand. In einem größeren Gemüsegarten fallen mehrere Arbeitsstunden pro Jahr allein schon für Bodenbearbeitung, Kompostherstellung und Instandhaltung von Wegen an – nicht gerechnet gießen, düngen, mulchen und ernten!

Checkliste

**DAS SOLLTEN SIE VORAB KLÄREN**

- ✔ Wie viel Platz steht zum Anbau von Obst, Gemüse und Salat eigentlich zur Verfügung?
- ✔ Wo sind die sonnigsten Stellen im Garten?
- ✔ Kann für mehr Sonne und Licht eventuell eine Hecke oder ein hoher Baum entfernt werden?
- ✔ Welche Bodenart habe ich in meinem Garten?
- ✔ Kann ich meinen Boden verbessern?

# So planen Sie Ihren Küchengarten richtig

Natürlich liegt Ihr Augenmerk bei der Planung zuerst auf den Pflanzen, die in Ihrem Küchengarten ein neues Zuhause finden sollen. Aber auch Beetgröße, Einfassungen und Wege wollen gut geplant sein.

**Überlegen Sie** zu allererst, welche »Infrastruktur« Sie in Ihrem Obst- und Gemüsegarten brauchen. Möglichst kurze Entfernungen zum Wasseranschluss, zum Regenwasserspeicher oder zur Zisterne, zum Kompost und zum Geräteschuppen machen sich auf Dauer bezahlt, da Ihnen dadurch die Gartenarbeit effektiver von der Hand geht.

*Ein Wegbelag aus Natursteinplatten und Klinkern ist eine dauerhafte Zierde im Gemüsegarten.*

## Fertigen Sie eine Skizze an

Bevor Obst und Gemüse in Ihren Garten Einzug halten, sollten Sie zuerst Ihren Garten aufskizzieren. Zeichnen Sie maßstabgetreu, z. B. im Maßstab 1:100 (1 cm auf dem Plan entspricht 1 m im Garten), die Grundfläche auf und tragen Sie darin alle bereits vorhandenen Gebäude, Wege, Bäume und Beete ein.

### Raumgreifendes Obst

Zeichnen Sie in Ihren Plan nun zuerst die gewünschten Obstbäume und Beerensträucher ein. Diese Gewächse sind langlebiger als alle anderen Kulturen und beeinträchtigen durch Schattenwurf oder weitverzweigtes Wurzelwerk auch andere Pflanzen.
Ihre Platzierung will besonders gut überlegt sein, zumal sie mit zunehmendem Alter immer mehr Raum beanspruchen. Ein ausgewachsener Apfelhochstamm hat eine Kronenbreite von 8–10 m, Buschbäume von Pfirsich, Quitte und Sauerkirsche erreichen 4–5 m.

### Platz da für´s Gemüse!

Als Nächstes zeichnen Sie die zukünftigen Beete ein.

- Salat- und Gemüsebeete brauchen eine möglichst ebene Fläche. Vielleicht müssen dafür auch bereits vorhandene Bäume oder Sträucher weichen oder versetzt werden.
- In einem Garten mit abfallendem, hangartigem Gelände, können Sie terrassenartig gerade Beetflächen anlegen, die dann von niedrigen Mäuerchen gestützt werden.
- Bei einer Breite von 1,2 m sind die Beete von beiden Seiten her gut und bequem zu erreichen und zu bearbeiten. Sehr lange Beete sollten Sie nochmals durch Querwege unterteilen. Wenn Sie diese Grundregeln berücksichtigen, sind Ihnen in Bezug auf Form und Größe der Beete keine weiteren Grenzen gesetzt.
- Ob Sie viele kleine Beete anlegen oder lieber ein großes, ob Sie in herkömmlicher Weise rechteckige Beete oder runde, geschwungene Beetformen wählen – erlaubt ist, was gefällt! Überprüfen Sie lediglich anhand Ihres Planes, ob alles in den gewünschten Dimensionen auch in den zur Verfügung stehenden Gartenraum hineinpasst.

## Vom Garten bequem auf den Tisch

Zur Erschließung der Beete brauchen Sie gut begehbare und nicht zu schmale Wege. Vor allem bei Regenwetter und wenn Sie in Eile sind, ist es wichtig, dass Sie halbwegs trockenen und sauberen Fußes zu Ihren Gemüsebeeten gelangen. Planen Sie deshalb unbedingt genügend Wege ein. Für die Hauptwege hat sich eine Breite von 50–60 cm bewährt. Sie sollten bequem mit einer Schubkarre befahren werden können (zum Aufsammeln von Abfall oder zum Ausbringen von Kompost). Andere Wege, die Sie nur zum Ernten oder Gießen benützen, können auch etwas schmäler sein.

### Der richtige Wegbelag

Sie haben mehrere einfache Möglichkeiten zur Auswahl, befestigte Wege anzulegen.

- Holzbretter oder Lattenroste sind preiswert, schnell und praktisch verlegt. Sie haben allerdings auch Nachteile: Bei feuchter Witterung kann das Holz leicht rutschig werden, und unter dem Holz können sich Schnecken unauffällig zurückziehen.
- Sie können die Wegeflächen auch mit Holzhäcksel, Rindenmulch oder Kies abdecken. Dieses Material wird jedoch oftmals in die Beete verschleppt. Es fällt mit der Zeit zusammen und muss alle 3–4 Jahre aufgefüllt werden. Auch Häcksel und Mulch bieten verschiedenen Schädlingen gute Versteckmöglichkeiten.
- Aufwändiger und wesentlich teurer, dafür aber sehr lange haltbar, sind fest verlegte Wege aus frostbeständigen Belägen wie Naturstein, Tonziegel oder Beton – egal, ob als Platten, Klinker oder Pflastersteine.

## Gut eingefasst

Eine Hecke um den Gemüsegarten leistet gute Dienste: als Abgrenzung zum übrigen Gartenbereich, um spielende Kinder und Hunde vom sorgsam gehegten Gemüse fern zu halten und – last not least – um den Pflanzen ein möglichst geschütztes Kleinklima zu bieten.

- Um nicht unnötig zu beschatten, sollte die Hecke allerdings nicht höher als 1,2 m sein. Der Abstand zu den Beeten sollte mindestens 30 cm betragen, 1 m ist optimal.
- Wer keinen Platz für eine Hecke hat, der kann auch die einzelnen Beete einfassen (→ Abb. Seite 15). Die Einfassungen sollten 15–20 cm hoch und 10–15 cm breit sein, um ihre Funktion als Windschutz für Salat und Gemüse zu erfüllen.

*Wenn Sie ausreichend Fläche haben, bietet sich ein lauschiger Sitzplatz im Küchengarten geradezu an.*

# Obst und Gemüse vielfältig in Szene setzen

Wie soll Ihr Küchengarten aussehen? Bevorzugen Sie ein liebenswertes Miteinander von Nutz- und Zierpflanzen, ein buchsumrandetes Bauerngarten-ensemble oder ein Hochbeet im englischen Rasen.

*Studentenblumen* (Tagetes) *halten Gemüsebeete nicht nur in Form, sie sorgen auch für Farbe.*

**Mitunter fristen** Obst- und Gemüsegärten ein regelrechtes Schattendasein, was ihre Gestaltung anbelangt.

## Mut zur Gestaltung

Küchengärten haben nicht nur Gaumenfreuden zu bieten, sie lassen sich auch in die reinste Augenweide verwandeln!

### Traditionell oder modern?

Werden Sie sich im Vorhinein darüber klar, welcher Gestaltungsstil zu Ihnen passt, was Sie anspricht, Ihnen praktisch erscheint oder was sich auf Grund der räumlichen Gegebenheiten und Voraussetzungen anbietet. Nicht zuletzt ist es auch eine Frage des Stils von Wohnhaus und anderen Gebäuden, welche Art Nutzgarten gut damit harmoniert.

- Ältere oder ländliche Häuser lassen sich gut mit traditionellen Gartenformen wie Bauern- oder Klostergärten verbinden. Dazu gehören rechteckige Beet- und Gartenformen mit Wegekreuzen, buchsgesäumte Wege und Rondelle. Auf den Beeten tummeln sich neben Salat und Gemüse auch Kräuter und Zierpflanzen wie Stockrose, Rittersporn, Pfingstrose, Lilie, Marienglockenblume, Ringelblume und Kapuzinerkresse. Auch »romantische« Gartenelemente wie ein Brunnen, eine Steinbank, ein Rosenbogen oder eine Ramblerrose, die einen alten Obstbaum erklimmt, fügen sich hier gut ein.
- Zu modernen Häusern passt eine betont formale Gestaltung. Auch diese drückt sich in der Verwendung von schnittverträglichen Pflanzen (Buchs, Eibe, Hainbuche) aus, die als Einfassungen, »Raumteiler« oder grüne Skulpturen fungieren. Die Pflanzen auf den Pflanzflächen bilden kein buntes Durcheinander, sondern der ganze Garten oder einzelne Beete orientieren sich an einem bestimmten Thema. Das kann ein »Blaues« oder »Weißes« Beet sein oder auch ein Beet, in dem sich lauter säulenförmige Pflanzenformen gegen eine runde Buchskugel im Hintergrund abheben.
Auch hier sorgt der passende Gartenschmuck für Blickfänge: eine moderne Stein- oder Metallskulptur, hell gestrichene Sichtschutzelemente, ein Wasserspiel oder weiße Sitzmöbel.

### Viel Platz – schöpfen Sie aus dem Vollen

Wenn Sie eine recht große Gartengrundfläche haben – d. h. mindestens 1000 $m^2$ – , dann sind Sie in deren Ausgestaltung natürlich wesentlich freier und flexibler, als wenn Ihnen nur einige wenige Quadratmeter für einen Nutzgarten zur Verfügung stehen.

- In einem großen Garten können Sie z. B. einzelne Salatbeete in gut zugänglicher Nähe von Haus bzw. Terrasse anlegen, die Gemüsebeete an einer ebenen und sonnigen Stelle platzieren, Beerensträucher am Zaun entlangpflanzen und einzelne Obstbäume als Schattenspender zum Daruntersitzen im Rasen postieren.
- Oder Sie legen sich eine separate »Obstwiese« mit verschiedenen Obstarten und

Obstsorten an, lassen Ihr Gemüse auf einer Reihe praktischer Hochbeete wachsen und umgeben die Terrasse oder einen Sitzplatz im Garten mit Beerensträuchern und kletterndem Obst, das zudem für Sichtschutz sorgt.

- Auch eine bunte Mischung aus Sommerblumen, Stauden, Obst und Gemüse, wie sie den Liebhabern englischer Landhaus- oder Cottage-Gärten vorschwebt, lässt sich bei ausreichend Platz verwirklichen.

*In diesem Gemüsegarten setzen Beeteinfassungen aus Weidenflechtwerk und in die Höhe ragende Stangenbohnen Akzente.*

## Wenig Platz – seien Sie erfinderisch

Haben Sie für Obst und Gemüse nicht viel Platz, so will dieser möglichst effektiv genutzt werden.

- In einem kleinen Garten ist für geschwungene Wege und Pflanzflächen kein Raum – hier bietet es sich an, sich am klassischen Vorbild eines Bauern- oder Klostergartens zu orientieren. Rechteckige Beete mit geradlinigen Wegen dazwischen helfen Ihnen, Platz sparend ein Grundsortiment an Gemüse und Salaten unterzubringen, das gleichzeitig auch noch übersichtlich und schön aussieht. Für die einfachste Ausführung genügt ein Wegekreuz mit vier Beeten. Sie brauchen dafür eine ebene, rechteckige oder quadratische Grundfläche an einem möglichst sonnigen Standort mit einer Mindestgröße von 15 m$^2$.
- Mit einem Hochbeet (→ Seite 42/43) lässt sich auf praktische und je nach Umrandung auch attraktive Weise, Salat und Gemüse im Rasen unterbringen. Es sollte aber auf jeden Fall 1,40 m breit sein.
- Stachel- und Johannisbeere lassen sich in Form von Hochstämmchen, die Sie auch noch mit Erdbeeren unterpflanzen können, in kleine Gemüsegärten und Rabatten integrieren.
- Sichtschutzelemente, die mit einer dornenlosen Brombeere bewachsen sind, oder ein in Fächerform geschnittenes Birnenspalier an einer warmen Garagenwand sind weitere Möglichkeiten, Obst im kleinen Garten unterzubringen.

Tipp

### SETZEN SIE DEM BUCHS GRENZEN

Buchs eignet sich ideal als Beeteinfassung, denn er kann sehr gut in der gewünschten Form gehalten werden. Damit sich seine Wurzeln nicht zu stark ins Beet hinein ausbreiten, können Sie ihnen mit einer Wurzelsperre Einhalt gebieten. Stecken Sie dazu einen ca. 20 cm hohen Metallstreifen zwischen Buchsumrandung und Beetfläche in die Erde.

# Was bietet das Sortiment?

Das Angebot an Obst, Gemüse und Salat ist auf den ersten Blick fast unüberschaubar und auch hinsichtlich seiner Pflegeansprüche, der Haltbarkeit und der Verwendung sehr unterschiedlich. Hier ist ein guter Wegweiser durch das vielfältige Sortiment gefragt!

**Wenn Sie** die ganze Gartensaison über Frisches auf dem Tisch haben und in abwechslungsreichen Geschmackserlebnissen schwelgen möchten, Ihr Erntegut sowohl frisch genießen als auch lagern und verarbeiten möchten, haben Sie vielfältige Möglichkeiten.

## Darauf sollten Sie bei der Auswahl achten

- **Kulturdauer:** Manche Kulturen wie die Gartenkresse sind »Schnellstarter«, die schon wenige Tage nach der Aussaat erntereif sind. Blumenkohl dagegen benötigt mehrere Wochen, bis die weißen Köpfe im Kochtopf landen – so lange nimmt er auch den Platz auf dem Gemüsebeet ein. Unter Folie, Vlies und Glas (→ Seite 58/59) verringert sich die Kulturdauer beträchtlich.
- **Pflegeaufwand:** Die meisten Salate und Blattgemüse wachsen fast von selbst. Lediglich nach der Aussaat müssen sie vereinzelt werden – und auch diesen Arbeitsschritt können Sie sich sparen, wenn Sie Saatbänder (→ Seite 53) verwenden. Fruchtgemüse (Tomaten, Gurken) erfordern einen höheren Aufwand. Obstbäume benötigen deutlich mehr Pflege als Beerensträucher.
- **Gesundheit:** Viele Obst- und Gemüsesorten zeichnen sich durch besondere Widerstandsfähigkeit oder gar Resistenzen gegen einzelne Krankheiten und Schädlinge aus. Das bedeutet oft einen geringeren Pflegeaufwand und eine bessere Qualität des Erntegutes.
- **Farbe/Form:** Bei Gemüse und Salat geht der Trend zu mehr Farbe und ausgefallenen Formen, und viele Sorten warten mit buntem Blattwerk und skurrilen Fruchtformen auf.
- **Lagerfähigkeit:** Von einigen Obst- und Gemüsearten sind spezielle Lagersorten im Handel, die bei artgerechter Lagerung (→ Seite 90/91) noch Wochen oder gar Monate nach der Ernte gut schmecken.
- **Verarbeitung:** Salat, Fruchtgemüse, Beerenfrüchte und frühe Obstsorten werden am besten frisch und roh verzehrt. Spätreifes Gemüse und Obst kann frisch genossen, aber auch haltbar gemacht werden.

*Ein umfangreiches Sortiment an Obst und Gemüse bringt (fast) das ganze Jahr über gesunde Abwechslung auf den Speiseplan.*

# Gemüse und Salat: Neuheiten oder Bewährtes?

Die vielen verschiedenen Gemüse und Salate sorgen nicht nur für eine abwechslungsreiche Beetbepflanzung. Alte und neue Sorten bieten auch die unterschiedlichsten kulinarischen Genüsse.

**Im Internet**, in Gartenkatalogen und Fachzeitschriften können Sie sich über das aktuelle Sortiment an Gemüse und Salat informieren. Doch sollen Sie gängigen und bewährten Arten den Vorzug geben? Sollen es Neuheiten und zeitgemäße Trends sein? Oder wollen Sie Gemüse aus Großmutters Zeiten wie Kohlrübchen oder Salatmelde aufleben lassen?

## Was darf's denn sein?

Für den Neuling im Salat- und Gemüseanbau tun sich mit dem Studieren von Pflanzangeboten Welten auf – da ist guter Rat gefragt. Arbeiten Sie sich am besten mit einem überschaubaren Grundsortiment in den Gemüseanbau ein.

### Gängiges und Bewährtes

Bei gängigen Salat- und Gemüsesorten handelt es sich meist um solche, die sich über Jahre oder sogar Jahrzehnte hinweg bewährt haben. Sie warten meist nicht mit ausgefallenen Farben und Formen auf, sind aber bezüglich ihres Wachstums, ihrer Gesundheit und ihrer Inhaltsstoffe zuverlässig und konstant. Für Garteneinsteiger sind solche Sorten ideal, weil sie damit leicht erste Ernteerfolge erzielen.

### Trends und Hits

Viele Neuzüchtungen bringen mit besonderen Farben oder ausgefallenen Wuchsformen in erster Linie gestalterische Aspekte ins Spiel, die den Nutzgarten vielfältiger und bunter machen. Andere Neuzüchtungen tun sich durch ausgesprochene Robustheit und Widerstandsfähigkeit gegenüber Krankheiten und Schädlingen hervor. Sie finden hier auch viele niedrig und kompakt wachsende Sorten, die speziell für das »Balkonsortiment« geeignet sind.

*Salat ist nicht nur gesund, die trendigen Salatsorten bringen auch Farbe aufs Beet.*

## Salat lässt keine Wünsche offen

Gute Nachrichten für Salatliebhaber: Das vorhandene Sortiment eignet sich für einen Anbau vom zeitigen Frühjahr

*Mangold mit roten Blattstielen zählt zu den ausgesprochenen »Hinguckern« im Gemüsebeet.*

bis in den späten Herbst hinein, insbesondere wenn Sie unter Folie und Glas anbauen (→ Seite 56–59). Für Abwechslung im Beet und Farbe in der Salatschüssel sorgen außerdem viele neue Sorten mit rotbraunen, violetten oder rot gefleckten, glatten oder krausen Blättern wie Pflücksalat 'Red salad bowl', Lollo Rosso 'Solsun' oder Kraussalat 'Bentley'.

- **Kopfbildende Salate** wie Eissalat, Endivie, Kopfsalat und Radicchio eignen sich mit ihrer relativ kurzen Kulturdauer hervorragend, um auf Beeten mit länger wachsendem Gemüse wie Kohl, Lauch und Möhren die anfänglichen Lücken aufzufüllen.
- **Blatt- und Schnittsalate** wie Asiasalat, Feldsalat, Gartenkresse oder Rukola bilden keine Köpfe, sondern lockere Rosetten oder einzelne Blätter aus. Sie wachsen relativ schnell und können nahezu ständig geerntet werden (→ Seite 89). Zudem lassen sie sich auch gut in Töpfen und Kästen auf Balkon und Terrasse kultivieren.

## Alles Gemüse, oder was ...?

Nicht nur das Salatsortiment ist wohl bestückt, auch Gemüse hat allerhand zu bieten:

- **Blatt- und Blattstielgemüse** wie Spinat oder Mangold können roh als Salat oder gedünstet als Gemüse verwendet werden und lassen sich auch sehr gut eingefrieren (→ Seite 91). Sie gedeihen auch hervorragend in Kästen und Töpfen und können bis in den Winter hinein geerntet werden.
- **Wurzel-** und **Knollengemüse** mit seinen schnell wachsenden Vertretern wie Radieschen und frühen Rettichen motiviert auch den Gartenneuling durch schnelle Erfolge. Knollenfenchel, Knollensellerie, Möhren oder Rote Bete haben zwar eine etwas längere Kulturdauer, liefern dann aber ebenfalls zuverlässige Ernten. Darüber hinaus lassen sich die Wurzeln und Knollen der späten Sorten gut einlagern.
- **Zwiebelgewächse** wie Zwiebel und Knoblauch brauchen vor allem ausreichend Wärme, um gut ausreifen zu können. Porree hingegen kann in den entsprechenden Sorten sogar bis in den Winter hinein auf dem Beet bleiben.
- Die Gruppe der **Fruchtgemüse**, zu der u. a. Aubergine, Gurke, Kürbis, Paprika und Tomate gehören, braucht ausreichend Standraum, viel Wärme und entsprechende Pflege, um mit üppigen Erträgen zu erfreuen. In klimatisch weniger begünstigten Gegenden sind Kleingewächshaus oder zumindest der Einsatz von Folie oder Vlies fast unumgänglich.
- Ist Ihr Gartenplatz nicht so sonnenverwöhnt, bieten Ihnen **Kohlgewächse** wie Brokkoli, Kohlrabi, Grünkohl und Rosenkohl oder **Hülsenfrüchte** wie Erbsen und Bohnen mit unterschiedlichsten Kulturzeiten, Formen und Farben noch eine Menge möglicher Kandidaten für Ihre Gemüsebeete.

Praxisinfo

### GEMÜSE AUS GROSSMUTTERS GARTEN

Alte Gemüse sind wieder im Kommen! Probieren Sie es doch einmal mit den großen Azia-Gurken (*Cucumis sativus*), die gelb ausreifen und zu Senfgurken verarbeitet werden. Oder mit den anspruchslosen Puffbohnen (*Vicia faber*), deren große weiße oder grüne Kerne gekocht als Gemüse oder Salat gegessen werden können. Für viele sind auch Mairübe (*Brassica napus*) oder Teltower Rübchen (*Brassica campestris* var. *rapa*) eine Delikatesse. Die Rübchen können als Rohkost oder als Gemüse verzehrt werden.

# »Gärtnern nach Plan« heißt die Devise

Der Ernteerfolg auf Salat- und Gemüsebeeten hängt merklich von der Zusammenstellung der verschiedenen Gemüsearten und der jährlichen Pflanzenabfolge ab. Arbeiten Sie am besten nach Plan!

*Gemüse in Mischkultur ist nicht nur fürs Auge ansprechend, sondern auch wüchsiger.*

**In einer** artenreichen und vielseitigen Pflanzengemeinschaft, wie sie in freier Natur vorkommt, begünstigen sich die einzelnen Arten oft gegenseitig im Hinblick auf Wachstum und Gesundheit – machen Sie sich in Ihrem Gemüsegarten dieses Prinzip zu Nutze, das erspart Arbeit, Mühe und bares Geld!

## Gut geplant!

Mit einer guten Anbauplanung wird selbst in einem kleinen Gemüsegarten die Ernte lecker und reichhaltig ausfallen!

### Die Mischung macht's

Mischkultur bedeutet, dass ein Beet nicht mit lauter Pflanzen einer einzigen Art bepflanzt wird, sondern verschiedene Pflanzenarten miteinander und nebeneinander wachsen. Pflanzen oder säen Sie entweder reihenweise unterschiedliche Gemüse und Salate nebeneinander oder lassen Sie die Arten sich innerhalb einer einzelnen Reihe abwechseln.
Wie bei den Menschen gibt es auch bei den Pflanzen Arten, die sich gut vertragen und solche, die schlecht miteinander auskommen (→ Mischkulturtabelle Seite 125). Neben der ganz allgemeinen Wachstumsförderung, die beim Zusammenpflanzen von »guten Partnern« zu beobachten ist, vertreiben diese oft zusätzlich durch ihren arteigenen Geruch auch noch spezifische Feinde des Nachbarn und tragen so ebenfalls zu einer Stärkung der

*Zwiebeln und Möhren sind ideale Mischkultur-Partner. Sie ergänzen sich zudem in der Wuchsform.*

Pflanzengesundheit bei. So fühlen sich z. B. Möhrenfliegen vom kräftigen Zwiebelduft abgeschreckt. Die Zwiebelfliege wiederum kann das Aroma des Möhrenkrauts »nicht riechen«.

## Auf Kürbis folgt Erbse

Als Fruchtfolge wird der aufeinander folgende Anbau verschiedener Gemüsearten auf einem Beet über einen längeren Zeitraum hinweg bezeichnet. Durch eine ausgewogene Fruchtfolge wird ein Ausgleich zwischen Stark- und Schwachzehrern geschaffen (→ Praxisinfo). Gemüsearten, die dem Boden viel Nährstoffe entziehen sind Starkzehrer. Arten, die nur wenig Nährstoffe benötigen sind Schwachzehrer. Schreiben Sie sich auf, was Sie jedes Jahr auf welchem Beet anpflanzen, dann können Sie die richtige Fruchtfolge einhalten und nach nährstoffhungrigem Kürbis dann schwachzehrende Erbsen kultivieren.

## Unverträgliche Gemüse

So, wie bei der Mischkultur bestimmte Pflanzen nebeneinander nicht gut wachsen, so reagieren viele Pflanzen mit deutlichen Ertragsrückgängen und Wuchsdepressionen, wenn sie im folgenden Jahr oder nur wenige Jahre später wieder auf demselben Beet angebaut werden. Durch einen regelmäßigen Fruchtwechsel können Sie diese »Unverträglichkeiten« verhindern, die sich meist auf Pflanzen derselben Art oder derselben Pflanzenfamilie beziehen (→ Porträtteil). So brauchen z. B. Kohlgewächse eine Anbaupause von 3–4 Jahren, ehe sie wieder auf das selbe Beet gepflanzt werden dürfen. Durch einen Fruchtwechsel können sich auch Krankheiten oder Schädlinge, die sich vielleicht eingefunden haben, nicht weiter vermehren.

## Lang oder kurz auf dem Beet?

Wenn Sie bei der Anbauplanung jetzt auch noch die Kulturdauer der verschiedenen Gemüse berücksichtigen, können Sie den Platz auf Ihren Beeten das ganze Jahr über optimal nutzen.

- Arten mit langer Kulturdauer (Blumenkohl, Bohnen, Brokkoli, Gurken, Kürbis, Lauch, Möhren, Paprika, Rote Bete, Sellerie, Tomaten, Zucchini, Zwiebeln) werden als Hauptfrucht bezeichnet.
- Vorfrüchte sind Erbsen, Kohlrabi, Kopfsalat, Radieschen, Rettich und Spinat. Sie werden im Frühjahr vor einer Hauptkultur angebaut.
- Nachfrüchte (Buschbohnen, Chinakohl, Endivie, Feldsalat, Grünkohl, Kohlrabi, Kopfsalat, Winterrettich, Rosenkohl, Rote Bete, Spinat) wachsen noch nach den Hauptfrüchten im Spätsommer oder Herbst auf den Beeten.
- Zwischenfrüchte (Feldsalat, Kopfsalat, Lauch, Radieschen, Rettich, Schnittsalat, Spinat) haben eine relativ kurze Kulturzeit. Sie teilen sich das Beet mit der Hauptkultur und füllen die anfangs noch vorhandenen Pflanzlücken.

Praxisinfo

### STARK ODER SCHWACH ZEHRENDE GEMÜSE

- **Schwachzehrer:** Erbse, Feldsalat, Kresse, Radicchio, Radieschen
- **Mittlere Zehrer:** Endivie, Fenchel, Frühmöhre, Grünkohl, Gurke, Knoblauch, Mangold, Paprika, Salat (Kopf- und Schnittsalat), Spinat, Zwiebel
- **Starkzehrer:** Artischocke, Aubergine, Blumenkohl, Chinakohl, Kohlrabi, Kürbis, Lauch, Rettich, Rosenkohl, Rote Bete, Sellerie, Spätmöhre, Tomate, Weißkohl, Zucchini

# Welches Obstgehölz soll es sein?

Auch bei der Auswahl an Obstbäumen und Beerensträuchern bleiben keine Wünsche offen. Für jede Gartengröße und jede Geschmacksrichtung ist das Passende im Sortiment zu haben.

**Obstgehölze** sind wahre Alleskönner: Jahr für Jahr im Frühjahr, wenn sie in Blüte stehen, liefern sie ein wunderbares Schauspiel, den Sommer über bieten sie vielen nützlichen Tieren Unterschlupf und Nistmöglichkeiten und im Spätsommer und Herbst hängen sie voll köstlicher Früchte. Die Auswahl fällt daher nicht immer leicht.

*Beerenobst braucht nicht viel Platz, ist genügsam in der Pflege und bringt reichliche Ernten.*

## Obstbäume auswählen

Ein entscheidendes Auswahlkriterium für einen Obstbaum ist seine Größe. Die Größeneinteilung richtet sich nach der Höhe, in der der Stamm in die Krone übergeht. Danach unterscheidet man: Hochstämme (160–180 cm), Halbstämme (100–120 cm), Niederstämme (80–100 cm), Buschbäume oder Spindelbüsche (40–60 cm).

- **Halb-** oder **Hochstämme** brauchen ca. 10–25 m² Standraum, wirken imposanter, sind langlebig (bis ca. 80 Jahre!) und liefern eine größere Menge an Früchten. Ein Nachteil großer Obstbäume ist, dass sie erst spät Früchte ansetzen – Apfelhochstämme erst im Alter von 10 Jahren, Birnen ab dem 8. Lebensjahr. Auch die regelmäßig anfallenden Pflegearbeiten und die Ernte werden mit zunehmender Größe immer schwieriger.
- **Niederstämme, Buschbäume** oder **Spindelbüsche** brauchen 5–10 m² Standraum. Sie sind früher erntereif, werden dafür aber nicht so alt wie Hochstämme. Von einem Buschbaum z. B. ernten Sie in der Regel schon nach 1–2 Jahren die ersten Früchte. Der Baum ist aber oft schon nach einigen Jahren »erschöpft« und wird nur etwa 10 Jahre alt. Als Buschbaum werden Apfel, Aprikose, Birne, Pfirsich, Quitte und Sauerkirsche gezogen. Spindelbüsche kennt man vor allem bei Äpfeln und Birnen. Niederstämme gibt es von allen Obstsorten.
- **Spalierbäume** haben einen zentralen Stamm und horizontale, sich gegenüberliegende Äste, die durch Drähte unterstützt werden. Ihre Durchschnittshöhe liegt bei Äpfeln und Birnen bei 2,5 m, die Breite bei 3–4,5 m, in der Tiefe benötigen sie nur 30–40 cm Platz. Schwachwüchsige Sorten eignen sich hervorragend für eine Kultur auf Balkon und Terrasse, da sie auch in Gefäßen mit einem Fassungsvermögen von 10–25 l noch gut gedeihen.
- Apfelbäume vom »**Ballerina**«- oder **Säulentyp** sind sehr schlank. An den eintriebigen Bäumchen entwickeln sich die Früchte an kurzen Seitentrieben. Sie erreichen eine maximale Wuchshöhe von 4 m.

## Beerensträucher sind genügsam

Beerenobst hat viele Pluspunkte: Es findet selbst im kleinsten Garten noch Platz, ist nicht sehr pflegeaufwändig, recht anspruchslos und wächst und

*Ein ausladender Apfelbaum beansprucht einigen Platz im Garten. Dafür erfreut er im Frühjahr mit reicher Blütenpracht, bietet im Sommer viel Schatten und bringt im Herbst eine gute Ernte.*

fruchtet auch willig in Töpfen und Kübeln. Schon ein Jahr nach dem Pflanzen, bei Erdbeeren sogar noch in derselben Vegetationszeit, reifen die ersten Früchte heran. Außerdem sind sie viel leichter zu beernten als Obstbäume.

- Stachelbeere, Rote und Weiße Johannisbeere sind als Sträucher oder Hochstämmchen erhältlich. Die Kreuzung aus beiden, die Jostabeere, und die Schwarze Johannisbeere gibt es nur in Strauchform.

Ein Hochstämmchen hat meist eine etwas geringere Lebenserwartung als ein Strauch, liefert dafür aber schon eher eine ertragreiche Ernte. Fruchtende Hochstämmchen brauchen ein unterstützendes Holzgerüst, weil die Äste unter der Last der Früchte sonst leicht abbrechen.

- Die aufrecht wachsenden oder rankenden Triebe von Brombeere, Himbeere und Taybeere brauchen nur Platz in Höhe und Breite. Zäune, gespannte Drähte oder ein Rankgerüst leiten die wüchsigen Pflanzen in geregelte Bahnen.

## Wände voller Obst

Wer ganz wenig Platz in seinem Garten hat, für den bieten sich Brombeeren, Kiwis oder Weinreben an, die einfach die Wände hoch gehen. Mit ihren rankenden oder schlingenden Trieben können diese Obstarten leicht an einem Wandspalier gezogen werden oder Pergola, Hauswand und Garage ansprechend begrünen.

- Wählen Sie für die wärmehungrigen Gewächse möglichst windgeschützte Südost- oder Südwestwände.
- Wenn Sie zum Ernten nicht auf die Leiter steigen wollen, dann ziehen Sie die Rankgewächse nur bis in eine für Sie gut erreichbare Höhe und dann waagerecht oder fächerförmig in die Breite.

# So finden Sie die richtige Obstsorte

Damit Sie beim Kauf Ihres Obstgehölzes auch verstehen, wovon der Verkäufer spricht, sollten Sie wissen, was eine stark- oder schwachwüchsige Unterlage ist oder wer einen Pollenspender braucht.

**Die einzelnen** Obstsorten unterscheiden sich nicht nur in Aussehen und Geschmack, sondern auch in Bezug auf Wüchsigkeit, Reifezeit und Lagerfähigkeit, Boden- und Temperaturansprüche und Anfälligkeit gegenüber Schädlingen und Krankheiten.

## Für jeden gibt es die richtige Sorte

- Wählen Sie das Obst zunächst einmal nach Ihren persönlichen Vorlieben aus. Mögen Sie lieber Kernobst wie Apfel, Birne oder Quitte oder bevorzugen Sie Steinobst wie Aprikose oder Kirsche? Sollen die Früchte süß oder eher etwas säuerlicher sein, das Fruchtfleisch fest oder lieber weicher? Essen Sie mehr frisches Obst oder eher Marmelade und Gelee?
- Erkundigen Sie sich dann, welche Sorte Ihres Lieblingsobstes am vorgesehenen Standort zufrieden stellend gedeiht und ob auch genügend Platz zur Verfügung steht.
- Wollen Sie mehrere Bäume oder Sträucher pflanzen, dann beachten Sie deren Reifezeit: Wählen Sie Sorten aus, die nacheinander ausreifen. Wenn Sie Sorten zum Frischverzehr und Sorten zum Lagern mischen, dann werden Sie nicht von einer arbeitsintensiven »Obstschwemme« überrollt!

*Beerensträucher sind sehr ertragreich. Pflanzen Sie daher Sorten mit unterschiedlicher Reifezeit.*

## Stark- oder schwachwüchsig?

Obstbäume werden in aller Regel veredelt, d. h. man pfropft auf die Wurzel einer bestimmten Sorte, der so genannten Unterlage, ein Edelreis der gewünschten Sorte. Die »Veredlungsstelle« liegt meist knapp über dem Wurzelhals, bei Kirschen und Quitten dagegen unter der Krone.

Wie stark ein Obstbaum wächst und wie groß er wird, hängt in der Regel von der gewählten Unterlage ab (→ Praxisinfo). Man unterscheidet zwischen Sämlings- und Typenunterlagen. Sämlingsunterlagen werden durch Aussaat von Kernen oder Steinen gewonnen. Sie wachsen stark, ergeben große Bäume und sind sehr langlebig. Typenunterla-

*Blüht der Pollenspender zusammen mit der gewünschten Sorte, steht einer reichen Fruchtbildung nichts im Wege.*

gen werden vegetativ durch Steckhölzer vermehrt. Aus ihnen entwickeln sich die kleineren Niederstämme.
Die Bezeichnung der Unterlagen für Apfelbäume bestehen aus dem Buchstaben M (*Malus* = Apfel) und einer Zahl.
Bei Kirschen besteht die Unterlage aus Sämlingen der Vogelkirsche (*Prunus avium*). Aprikosen werden u. a. auf Typenunterlagen der Hauszwetschge veredelt. Beerenobst bedarf in der Regel keiner Unterlage.

### Frühreif oder lagerfähig?

Frühe Sorten (reif im August/September) halten sich nicht sehr lange und sollten schon bald nach der Ernte verzehrt werden. Herbst- und Wintersorten werden im September oder Oktober gepflückt, bevor sie vollkommen ausgereift sind (ausgereifte Früchte lassen sich ganz leicht mit Stiel abdrehen!). Sie reifen während der Lagerung nach und erreichen erst nach einigen Wochen Lagerzeit ihr volles Aroma.

### Tolerant und resistent

Bei den einzelnen Obstsorten gibt es auch große Unterschiede hinsichtlich Gesundheit und Widerstandsfähigkeit gegenüber Krankheiten und Schädlingen. Wählen Sie auf jeden Fall besonders widerstandsfähige und krankheitsresistente Sorten aus, vor allem wenn Boden, Standort oder Klima nicht ganz optimal für den gewünschten Obstbaum sind. Fragen Sie in der Baumschule auch speziell nach regional bewährten Sorten.

## Ohne Befruchtung kein Obst

Viele Obstarten oder -sorten sind selbstunfruchtbar, d. h., sie brauchen zur Bestäubung und anschließenden Fruchtbildung den Pollen einer anderen Sorte. Wenn Sie in der Baumschule also einen Obstbaum oder Beerenstrauch kaufen, fragen Sie danach, ob die gewählte Sorte selbstfruchtbar oder selbstunfruchtbar ist und welche Befruchtersorten bzw. Pollenspender die selbstunfruchtbare Sorte benötigt. Der »Pollenspender« könnte theoretisch auch in Nachbars Garten stehen – wichtig ist nur, dass es sich um eine passende Befruchtersorte handelt, die zum selben Zeitpunkt blüht.
Bei den ursprünglich zweihäusigen Kiwipflanzen wurden in den letzten Jahren auch selbstfruchtende Sorten entwickelt, z. B. die Sorte 'Jenny'.
Die meisten Beerenobstarten sind zwar selbstbefruchtend, bringen aber wesentlich bessere Erträge, wenn mehrere Sorten angebaut werden.

Praxisinfo

**DIE WAHL DER RICHTIGEN APFELUNTERLAGE**

- Schwachwüchsige Unterlagen (M 9, M 27) bilden kleine Wurzelballen aus. Die Nährstoffaufnahme ist dementsprechend gering. Der Baum wird nicht groß.
- Mittelstarkwüchsige Unterlagen wie M 26, M 4, M 7, MM 106, MM 111 bringen kräftige Buschbäume hervor.
- Starkwüchsige Unterlagen (M 11, MM 109, A 2) haben einen großen Wurzelbereich, der viel Nährstoffe und Wasser aufnehmen kann. Der Baum wird recht groß.

# Obst und Gemüse auf Terrasse und Balkon

Ideal für einen Topfgarten ist eine Süd-Ost- oder Süd-West-Ausrichtung von Terrasse oder Balkon. Sie werden erstaunt sein, was hier so alles an Obst, Gemüse und Salat gedeiht.

**Glücklicherweise** sind fast alle Balkone und Terrassen sonnig oder zumindest halbschattig, womit sie schon ein wichtiges Kriterium für den Obst- und Gemüseanbau erfüllen. Außerdem entsteht oft durch warme Hauswände, Seitenwände oder seitliche Abtrennungen zusätzlich ein besonders geschütztes Kleinklima, das viele Nutzpflanzen zu schätzen wissen.

## Was gedeiht auf Balkon und Terrasse?

Am besten wachsen relativ anspruchslose, niedrige, kompakte und raschwüchsige Pflanzen in Töpfen und Gefäßen. Sehr nährstoffhungrige Pflanzen wie Kohl, Kürbis, Lauch oder Rettiche sind eher ungeeignet, da ihre Bedürfnisse meist auch in großen Gefäßen nicht ausreichend erfüllt werden können. Auch Gemüse, die eine relativ lange Kulturzeit haben wie Möhren oder Sellerie eignen sich nicht für den Topfgarten!

### Gemüse auf dem Balkon

- Neben den verschiedenen kleinfrüchtigen und buschig wachsenden Tomaten wie Busch-, Cocktail-, Kirsch- oder Zwergtomaten, können Sie auch anderes Fruchtgemüse wie Auberginen, Gurke und Paprika im Topf ziehen. Setzen Sie diese wasser- und nährstoffbedürftigen Arten aber auf jeden Fall in Gefäße mit mindestens 10 Liter Fassungsvermögen.
- Radieschen, kleine Rettich- und niedrige Erbsensorten, Rote Bete, Spinat und Mangold haben eine relativ kurze Kulturzeit – Sie können sie problemlos in Ihren Topfgarten einplanen.
- Auch Salat wächst im geschützten Kleinklima auf Balkon und Terrasse schnell heran. Im Frühling ernten Sie Kopfsalat sogar schon zwei Wochen früher als vom Beet im Garten. Im Herbst verlängert sich die Ernte von Kresse und Pflücksalat ebenfalls um 10–14 Tage.

### Topf-Obst

Fast alle Obstarten lassen sich in entsprechender Form auch im Topf ziehen.

- Wählen Sie beim Kern- und Steinobst schwach wachsende Sorten und kleine Formen wie Ballerinaapfel- oder Säulenbäumchen (→ Seite 22/23).
- Beerensträucher sind in Form von Hochstämmchen ideale Kübelbewohner.
- Erdbeeren gibt es gleich in zwei Formen für den Topfgar-

Tipp

**ERDBEEREN IN LUFTIGER HÖHE**

Geradezu ideal für den Topfgarten sind Hänge-Erdbeeren. Werden sie in ein Beet gepflanzt, kriechen sie flach am Boden dahin; setzen Sie sie jedoch in Ampeln, Hängekörbe oder in die seitlichen Pflanztaschen amphorenartiger »Erdbeertöpfe«, dann entwickeln sie herabhängende Ausläufer mit üppigem Fruchtansatz von Juni bis Oktober.

ten: Monatserdbeeren für Hängetöpfe (→ Tipp) oder Klettererdbeeren an Drahtspindeln, wie die Sorte 'Montana'.

- Preiselbeeren und Heidelbeeren in Töpfe mit saurer Rhododendrenerde wachsen meist dauerhafter und besser als ausgepflanzt im Garten.

## Welches Substrat ist geeignet?

Das Substrat für Topf- und Kübelpflanzen sollte möglichst leicht sein, Luft und Wasser gut speichern und beim Gießen nicht verschlämmen.

- Fertige Blumenerde oder spezielle Erde für Kübelpflanzen erfüllt meist die notwendigen Voraussetzungen.
- Für Erdbeeren, Tomaten oder Gurken gibt es auch Spezialerden im Handel.
- Sie können auch selbst eine Mischung (1:1) aus einer fertigen Einheitserde und Kompost herstellen. Wenn Sie noch etwas Tongranulat, Blähton oder Bentonit beigeben, bekommen die Pflanzenwurzeln immer genügend Luft.
- Wenn Sie ein oder zwei Säcke Substrat auf »Lager« haben, können Sie jederzeit zu groß gewordene Pflanzen umsetzen.

## Gefäße in Hülle und Fülle

Je nach Pflanze, benötigen Sie ganz verschiedene Gefäße (→ Seite 66/67). Berücksichtigen Sie bei der Auswahl der Gefäße auf jeden Fall immer die endgültige Größe der Pflanze.

- Für flachwurzelnde Pflanzen wie Salat, reichen ca. 10 cm hohe Gefäße schon aus.
- Tiefwurzelndes Gemüse wie Tomaten oder ausladendes Obst braucht besonders standfeste Gefäße mit einem Mindestdurchmesser von ca. 40 cm und einer ebensolchen Höhe. Sie erhöhen die Standfestigkeit, wenn Sie auf den Gefäßboden zunächst eine Schicht Kies oder Sand einfüllen – beides wirkt gleichzeitig als Drainage.
- Alle Gefäße benötigen genügend Wasserabzugslöcher oder wenigstens eine Drainageschicht (→ Seite 67).
- Für Standorte in der vollen Sonne sind Töpfe aus schwarzem Kunststoff, Blech oder Metall ungeeignet, da sie sich viel zu sehr aufheizen. Hier hilft ein Übertopf!

*Buschig wachsende Tomatensorten eignen sich hervorragend als Balkon- und Terrassengemüse.*

› FRAGE & ANTWORT

# Expertentipps rund um die Planung

Bevor Sie einen neuen Obst- und Gemüsegarten anlegen, selbst bevor Sie einzelne Beete planen, Obstbäume oder Beerensträucher pflanzen wollen, gibt es einiges vorab zu beachten. Und im Laufe der Planung tauchen immer wieder einmal neue Fragen auf.

**? Wir möchten einen kleinen Küchengarten anlegen. Welche möglichst unproblematischen Pflanzen können Sie uns dafür empfehlen?**

Radieschen, Gartenkresse und Rote Bete sind ideale »Einsteigerpflanzen«. Auch Buschbohnen und Möhren wachsen gut in nahezu jedem nicht zu schweren Gartenboden. Pflück- und Schnittsalate gedeihen sowohl auf dem Beet als auch in Töpfen und Kästen zuverlässig. Pflanzen Sie im Frühjahr Römischen Salat, Eissalat und Kopfsalat, dann können Sie schon bald erste Erfolgserlebnisse verbuchen. Feldsalat und Grünkohl versorgen Sie selbst im Winter mit gesundem Grün, auch dann, wenn Sie noch nicht viel Gartenerfahrung haben.
Beim Obst sind Beeren nahezu ideal – die liefern schon bald nach der Pflanzung die ersten süßen Früchtchen, fast ohne Ihr Zutun. Setzen Sie einige Monatserdbeeren, dann können Sie von Juni bis Oktober ernten. Für ein unkompliziertes, süß-saures Beerenvergnügen im Sommer sorgen Johannis- und Stachelbeersträucher.

**? Wir haben einen etwa 1000 m² großen, sehr schönen Ziergarten mit Trockenmauer, Gartenteich und eingewachsenem Sitzplatz. Jetzt sollen auch Obst und Gemüse im Garten Einzug halten, reine Gemüsebeete finden wir aber langweilig. Was fügt sich am besten ins bestehende Konzept?**

Schaffen Sie für Obst und Gemüse ein klar abgegrenztes Areal an einem möglichst sonnigen Platz im Garten. Sie können z. B. mehrere quadratische oder segmentförmige Gemüsebeete mit niedrigen Einfassungen aus Buchs oder Lavendel umgeben und dazwischen Natursteinplattenwege anlegen, deren Material und Farbe zur Trockenmauer passt. Als Umgrenzung der Gemüsebeete eignen sich auch Beerensträucher oder ein frei stehendes, maximal 1,2 m hohes Apfelspalier. Wenn Sie ein besonders extravagantes Gemüsequartier anlegen wollen, dann bauen Sie doch ein pflegeleichtes Hochbeet mit einer Einfassung aus Natursteinen, die ebenfalls mit der Trockenmauer und den Wegebelägen harmonieren. Der bereits vorhandene Sitzplatz könnte erweitert und mit einer Kiwi berankt werden, wenn der Standort ausreichend warm ist. Ein einzelner größerer Obstbaum könnte für einen weiteren Sitzplatz mit einer Bank als Schattenspender dienen – vielleicht mit Blick auf den Gartenteich!

**? Ich habe nur einen kleinen Vorgarten direkt an der Straße. Kann ich dort trotzdem Gemüse und Salat anpflanzen?**

Wenn es sich um eine häufig befahrene Straße handelt und der Vorgarten nicht zusätzlich durch eine Hecke vor Staub und Immissionen geschützt ist, halte ich diesen Platz zum Anbau von Gemüse eher für ungeeignet. Sie könnten allerdings eine schmale, in Form geschnittene Hecke pflanzen, die den gröbsten Schmutz abhält und dann ein oder zwei Beete mit unempfindlicherem Zwiebel-, Wurzel- und Knollengemüse anlegen. Salate und Fruchtgemüse sollten Sie lieber in Gefäße pflanzen, die Sie möglichst fern der Straße am Haus oder auf Balkon und Terrasse aufstellen.

**? Im alten Garten hatten wir mehrere Obstbäume, die zwar wunderschön geblüht haben, aber keine Früchte trugen. Inzwischen sind wir umgezogen und möchten wieder Obst pflanzen. Was ist zu tun, damit die Bäume diesmal auch fruchten?**

Ob ein Obstbaum Früchte trägt, hängt in erster Linie davon ab, ob die Blüten zufrieden stellend bestäubt wurden. Die meisten Apfel-, Birnen- und Süßkirschensorten sowie einige Pflaumen-, Renekloden- und Zwetschgensorten sind fremdbefruchtend, d. h., zur erfolgreichen Bestäubung und Fruchtausbildung ist der Pollen einer anderen Sorte nötig. Doch nicht jede andere Sorte kommt in Frage. Zum einen müssen beide Sorten natürlich zum selben Zeitpunkt blühen, zum anderen gibt es für alle Obstsorten besonders geeignete Befruchtersorten. Informieren Sie sich vor dem Pflanzenkauf darüber, welche Sorten als Pollenspender für Ihre gewünschten Obstbäume in Frage kommen. Haben Sie nicht so viel Platz, um für jeden Baum noch die geeignete Befruchtersorte zu pflanzen, dann können Sie sich auch behelfen, indem Sie ein oder mehrere Reiser dieser Sorte in Ihren Baum hinein veredeln lassen. Aprikosen, Pfirsiche und Sauerkirschen sind selbstfruchtbar.

**? Wir sind eine vierköpfige Familie und essen Salat, Gemüse und Obst am liebsten frisch. Welche Fläche müssten wir in etwa veranschlagen, wenn wir uns weitgehend selbst aus dem Garten versorgen wollten?**

Für die komplette Selbstversorgung mit Obst, Gemüse und Salat rechnet man pro Person etwa mit 100 m² Nutzgarten – bei vier Personen wären das also 400 m². Das ist eine ganze Menge! Wenn Sie die Fläche ihrer Nutzung entsprechend aufteilen wollen, benötigen Sie ca. 160 m² allein für Gemüse und Salat, ca. 80 m² für Beerenobst und weitere 160 m² für Baumobst. Selbst wenn Ihnen ausreichend Platz für einen so großen Nutzgarten zur Verfügung steht – vergessen Sie nicht, auch die Zeit für die notwendige Pflege einzuplanen. Wenn Sie es gerne etwas geruhsamer angehen lassen wollen, dann veranschlagen Sie erst einmal eine Gartenfläche von ca. 25 m² pro Person. Erweitern können Sie dann bei Bedarf ja immer noch!

**? Ich habe eine relativ kleine Terrasse, auf der sich die Pflanzen den vorhandenen Platz auch noch mit einer Sitzgarnitur teilen müssen. Wie kann ich trotzdem noch etwas Gemüse und Obst unterbringen?**

Für die Unterbringung möglichst vieler Pflanzgefäße auf Terrassen und Balkonen gibt es mittlerweile eine Menge clevere Lösungen: In Pflanzenregale und Etageren haben viele Töpfe neben- und übereinander Platz. In Erdbeertöpfen mit Pflanztaschen haben nicht nur Monatserdbeeren, sondern auch Pflücksalate Platz. In Hängetöpfen und Ampeln gehen die Pflanzen sogar in die Luft! Verwenden Sie Gemüse-, Salat- oder Obstsorten, die speziell für den Anbau in Töpfen bzw. auf dem Balkon empfohlen werden.

**? Wir sind zum ersten Mal stolze Besitzer eines Gemüsegartens. Wie erstellen wir am besten einen Anbauplan?**

- Machen Sie zunächst auf einem großen Stück Papier eine grobe Skizze Ihrer Gemüsebeete. Nicht zu klein, damit Sie nachher auch alle wichtigen Informationen direkt dort eintragen können.
- Erstellen Sie dann eine Liste der Gemüse und Salate, die Sie gerne anbauen möchten.
- Finden Sie dann die Gemüsearten heraus, die sich von der Aussaat oder Pflanzung bis zur Ernte viel Zeit lassen und tragen diese als Erste in Ihre skizzierten Beete ein. Schreiben Sie die Monate daneben, in denen die Kulturen die Beetfläche beanspruchen.
- Jetzt suchen Sie Pflanzen mit kurzer Kulturzeit heraus und verteilen Sie zwischen den »Langsamwachsern«.
- Wenn möglich, setzen Sie günstige Mischkultur-Nachbarn nebeneinander.
- Bewahren Sie diesen Plan fürs Folgejahr auf! Sie verhindern damit, dass dieselbe oder eine nah verwandte Pflanzenart wieder auf dasselbe Beet kommt.

2

# Garten-praxis

# Den Küchengarten anlegen

Sie sind voller Tatendrang und wollen am liebsten sofort loslegen: Obstgehölze pflanzen, Beete anlegen, einen ganzen Gemüsegarten entstehen lassen? Damit Ihre Bemühungen auch von Erfolg gekrönt sind, sollten Sie die einzelnen Aktionen nach dem Kalender planen und ausführen.

**Theoretisch** könnten Sie ja einen Garten jederzeit anlegen – wenn das Wetter mitmacht. Doch viele Arbeiten haben ihre ganz bestimmten Zeiten.

## Alles zu seiner Zeit

Es gibt zwei Termine, zu denen Sie Ihren Garten am besten anlegen können: das Frühjahr und der Herbst.

- Im März/April, wenn die ersten warmen Tage wieder Lust auf Gartenarbeit machen, ist der Boden nach dem Winter so weit abgetrocknet, dass Sie Beete und ganze Gartenteile neu anlegen und Bäume und Sträucher pflanzen können.
- Auch im Herbst können Sie zu Spaten und Schaufel greifen: Ab Mitte September, wenn die größte Sommerhitze vorüber ist, ist ebenfalls ein guter Zeitpunkt für die Anlage eines Küchengartens. Solange der Boden noch nicht gefroren ist, können Sie bis weit in den Spätherbst hinein Beete anlegen, Bäume und Sträucher setzen. In ein spät im Jahr angelegtes Beet können Salat- und Gemüsepflänzchen allerdings erst im darauf folgenden Frühjahr einziehen. Sie können aber zur Bodenverbesserung jetzt noch eine Gründüngungskur (→ Seite 44) machen.
- Je nachdem, ob Sie nur ein einzelnes oder mehrere Beete anlegen wollen und wie groß das Ganze werden soll, sollten Sie einen halben Tag bis eine ganze Woche einplanen.

## Was brauche ich?

Wenn Sie nur ein einzelnes Beet neu anlegen (→ Seite 40/41), brauchen Sie lediglich das übliche Gartenwerkzeug (→ Seite 34/35). Planen Sie jedoch ein Hochbeet (→ Seite 42/43) oder einen größeren Nutzgarten, dann sollten Sie rechtzeitig ausreichend geeignetes Material für Einfassung, Wegebelag und Unterbau besorgen.

Ob einzelnes Beet oder ganzer Nutzgarten: Entscheidend für das spätere gute Wachstum der Pflanzen ist in erster Linie eine optimale Bodenvorbereitung, ggf. auch eine Bodenverbesserung (→ Seite 36/37). Hierbei leistet guter Kompost (→ Seite 38/39) wertvolle Dienste.

*Von einem Frühbeet (oben), Hochbeet- oder Hügelbeet (rechts) können Sie fast zwei Wochen früher ernten.*

**PFLANZEN HERANZIEHEN**

1 Anzuchtschale: geeignet zur Anzucht von Gemüse und Salat

2 Jiffy-Pots, Torf-Quelltöpfe, Tontöpfe: zur Aussaat größerer Gemüsesamen oder zum Pikierten von großen Sämlingen

3 Zerstäuber: sorgt für eine feine und gleichmäßige Bewässerung der Aussaaten

4 Pikierstab: erleichtert das Umsetzen von kleinen Sämlingen

5 Hochwertiges Saatgut: hat eine hohe Keimfähigkeit

# Nützliche Helfer für den Anbau

**OBST UND GEMÜSE PFLANZEN**

1 Baumpfahl: fixiert und stabilisiert größere Gehölze

2 Spaten: zum Ausheben des Pflanzlochs und Einsetzen von Gehölzen

3 Baumband oder Bast: zum Anbinden der Obstbäume an den Baumpfahl

4 Vorschlaghammer: damit lassen sich Baumpfähle gut einschlagen

5 Handschaufel: erleichtert das Einsetzen von Salat- und Gemüsepflanzen

6 Gießkanne: am besten ohne Tülle direkt auf den Boden gießen

7 Eimer: für Kompost oder Humus oder zum Wässern von Sträuchern

## BODEN BEARBEITEN

1 Grabegabel: hilfreich zum Lockern und Umarbeiten des Bodens, zum schonenden Versetzen von Pflanzen, zum Anheben der Pflanzen beim Ernten

2 Spaten: unverzichtbar zum Umgraben, Ein- und Umpflanzen

3 Grubber: lockert schonend den Boden im Pflanzenbestand und erleichtert das Entfernen von Unkraut

4 Hacke: unerlässlich zum oberflächlichen Lockern des Bodens und zum groben Jäten

5 Rechen: ebnet und glättet den Boden von Pflanz- und Saatflächen

Das richtige Werkzeug erleichtert Ihnen alle anfallenden Arbeiten im Küchengarten. Säen, pflanzen, ernten und Gehölze schneiden gehen damit gleich viel besser von der Hand. Achten Sie auf gute Qualität!

## OBSTGEHÖLZE SCHNEIDEN

1 Astschere: zum Einkürzen starker Äste und Triebe

2 Baumschere mit Teleskopstiel: zum bequemen Auslichten höherer Bäume von unten

3 Gartenschere: zum Schneiden dünnerer Zweige

4 Messer: zum Nachschneiden von Wundrändern

5 Sägen: zum Absägen dicker Äste und Zweige

## PFLANZHÜTCHEN ...

... schützen Jungpflanzen vor Spätfrösten und verfrühen die Erntezeit. Die praktischen Hütchen aus Kunststoff sind im Fachhandel erhältlich. Sie sind mit einer Lüftungsöffnung versehen, so dass keine Staunässe entsteht. Durch das nur teilweise durchsichtige Material schattieren sie bei starker Sonneneinstrahlung auch gleich die doch noch recht empfindlichen Jungpflanzen. Sie können kurzfristig aufgestellt werden.

# Guter Boden – gesund und fruchtbar

Ein guter Gartenboden ist die Voraussetzung für üppiges Wachstum – so heißt es immer. Doch was ist ein »guter« Boden? Wie erkenne ich ihn? Und lässt sich ein schlechter Boden verbessern?

*Mit einer Grabegabel lassen sich schwere Böden sehr gut lockern und belüften.*

**Meist besteht** der Boden aus einem Gemisch aus lehmigen, tonigen und sandigen Bodenanteilen. Je nachdem, welche der verschiedenen Komponenten überwiegt, ist der Boden entweder gut durchlässig oder schwer, mager oder nährstoffreich.

Für die Pflanzen wichtig sind die obersten 20–30 cm Boden, die so genannte Humusschicht. Sie ist meist dunkel gefärbt und enthält nicht nur mineralische Bestandteile, sondern auch einen großen Anteil an verrotteten Pflanzenresten – den Humus. Eine gute Humusschicht ist locker und feinkrümelig, voller Bodenlebewesen und reich an Nährstoffen.

## Die Bodentypen

Ganz grob lassen sich drei Bodentypen unterscheiden:

- **Sandreiche Böden:** Ein Boden mit einem hohen Sandanteil ist locker, durchlässig, gut zu bearbeiten, erwärmt sich schnell und muss kaum umgegraben werden. Er besitzt jedoch kaum Bestandteile, die Wasser und Nährstoffe speichern können, ist daher nährstoffarm und trocknet schnell aus.
- **Lehmreiche Böden:** Ein Boden, dessen größter Teil aus Lehm besteht, bietet den Pflanzen ein höheres Angebot an Nährstoffen und kann auch Wasser besser speichern. Auch dieser Boden erwärmt sich noch relativ leicht, nach längeren Regenperioden oder ausgesprochen feuchten Wintern dauert es jedoch länger, bis er wieder abgetrocknet ist und sich gut bearbeiten lässt. Lehmböden sind mittelschwer, nährstoffreich und speichern Wasser und Wärme gut und sind recht leicht zu bearbeiten.
- **Tonreiche Böden:** Böden mit einem hohen Tonanteil sind reich an Nährstoffen und speichern Wasser sehr gut. Sie trocknen im Frühjahr jedoch nur langsam ab, und es dauert lange, bis man sie gut bearbeiten kann. Zudem erwärmen sie sich nur schwer. Tonböden neigen zu Staunässe, sind schlecht durchlüftet, schwer, wenig belebt und schwer zu bearbeiten.

## Ein Bodentest zeigt, was zu tun ist

Machen Sie den »Bodentest«: Nehmen Sie eine Hand voll leicht feuchter Gartenerde und drücken Sie sie in der Faust zusammen:

- Hält die Erde locker zusammen, fällt nicht auseinander, bildet aber auch keine harte Kugel, dann steht einer Gartenanlage nichts im Wege: Sie haben einen gut strukturierten, eher lehmhaltigen Gartenboden vor sich, auf dem sich alle wichtigen Kulturen gut und erfolgreich anbauen lassen!
- Fällt die Erde beim Zusammendrücken gleich wieder auseinander, ist Ihr Boden sehr leicht und sandreich.
- Bildet die Erde einen festen Klumpen, besteht der Boden zu einem großen Teil aus lehmigen und tonigen Anteilen.

### Sandböden verbessern

Sandböden können nicht viel Wasser speichern und auch

Dünger bzw. Nährstoffe werden oft schnell wieder ausgewaschen. Bringen Sie deshalb möglichst viel Kompost und andere organische Stoffe aus, damit sich mit der Zeit eine wasserspeichernde Humusschicht bildet. Tonhaltiges Steinmehl (Bentonit) verbessert die Wasser- und Nährstoffspeicherung. Mulchen hilft gegen Austrocknen.

*Kompost, der oberflächlich eingearbeitet wird, verbessert langfristig sehr leichte und nährstoffarme Böden.*

### Tonböden verbessern

Sorgen Sie durch Umgraben und Einarbeiten von organischem Material wie Kompost für eine Lockerung und gute Durchlüftung des Bodens. Arbeiten Sie im Frühjahr und Herbst kohlensauren Kalk oder Algenkalk ein. Er aktiviert das Bodenleben und macht die Nährstoffe im Boden für die Pflanzen verfügbar. Wenn Sie im Herbst den Boden umgraben, kann die Winterkälte die feste Bodenstruktur lockern. Durch diese so genannte »Frostgare« (→ Seite 45) kann ein feinkrümeliger Boden entstehen. Sehr schwere und stark verfestigte Böden können Sie relativ schnell und einfach durch eine »Gründüngungskur« verbessern (→ Seite 44).

## Sauer macht nicht immer lustig

Je nachdem, aus welcher Art Gestein ein Boden entstanden ist, lässt sich im Boden auch ein unterschiedlich hoher Säuregrad messen. Auf einer Skala, die von 0 (stark sauer) bis 14 (stark alkalisch) reicht, werden die verschiedenen Säuregrade von Böden eingeteilt.
Im Fachhandel gibt es verschiedene Messreagenzien bzw. Bodenteststäbchen, mit denen Sie den Säuregrad oder pH-Wert Ihres Gartenbodens relativ leicht feststellen können.
Die meisten Gartenpflanzen fühlen sich im mittleren Bereich (5,5–7,5) wohl.

- Einen niedrigen pH-Wert im Boden können Sie z. B. durch gelegentliche Gaben von kohlensaurem Kalk anheben.
- Bei zu hohen pH-Werten sollten Sie hin und wieder sauer wirkenden Dünger wie Ammoniumsulfat verwenden.

Tipp

### LASSEN SIE IHREN BODEN UNTERSUCHEN

Die zuverlässigste Auskunft über Ihren Boden bekommen Sie, wenn Sie eine Bodenprobe an ein Untersuchungslabor (Adressen → Seite 126) schicken. Entnehmen Sie aus ca. 20 cm Tiefe etwa 500 g Boden. Füllen Sie die Bodenprobe in eine Plastiktüte und verschließen Sie diese gut. Erkundigen Sie sich vorab nach Preis und Leistung!

PRAXIS

# Gärtnergold: der eigene Kompost

Kompost ist genial: Sie bekommen sozusagen zum Nulltarif wertvollen Gartendünger und entsorgen gleichzeitig auf einfache Weise anfallendes Abfallmaterial aus Küche und Garten.

**Ein hochwertiger** Kompost ist nach wie vor eines der wirkungsvollsten und preisgünstigsten Düngemittel im Garten. Selbst gemachter Kompost erfordert zwar etwas Zeit und Arbeit, ist aber Gold wert.
Mit etwas handwerklichem Geschick lässt sich ein Kompost»haufen« selbst bauen. Sie erhalten aber im Fachhandel auch fertige Kompostsilos, Thermo- oder Schnellkomposter in den verschiedensten Größen und Ausführungen.

## Aus Abfall wird kostbarer Dünger

Auf den Kompost dürfen alle Gartenabfälle ohne Krankheitsbefall, angetrockneter Rasenschnitt, Laub, Stroh, Schnittgut von Bäumen und Sträuchern, rohe pflanzliche Küchenabfälle; in Maßen auch klein gerissene Pappe, Papierservietten und in Wasser eingeweichtes, zerkleinertes Zeitungspapier, Eierschalen und Mist von Kleintieren wie Meerscheinchen oder Hamster.

Zwiebelschalen und Kaffeesatz ziehen besonders viele Würmer an. Kranke Pflanzenteile, gekochte Küchenabfälle, Brot- oder Fleischreste haben auf dem Kompost nichts zu suchen. Sie schimmeln leicht und locken nur unerwünschte Nager – ja sogar Füchse – an.
Auch Katzenstreu gehört nicht auf den Kompost!
Kleinstlebewesen und Mikroorganismen verwandeln das grobe organische Material in feinen Humus.

### Gute Voraussetzungen

Erleichtern Sie diesen eifrigen Helfern die Arbeit durch möglichst günstige Bedingungen:

- Der Komposthaufen muss Kontakt zum lebenden Boden haben, damit die kleinen »Helferlein« einwandern können.
- Legen Sie den Kompostplatz nicht an einem zu sonnigen oder windigen Platz an, damit das Kompostmaterial nicht austrocknet. Die Abfälle verrotten nur, wenn sie stets feucht (nicht nass!) sind.
- Ein guter »Kompoststarter« sind einige Hand voll eines bereits weitgehend zersetzten Komposthaufens, die den neuen Haufen wie eine »Impfung« mit dem nötigen Bodenleben versehen. Im Fachhandel gibt es auch Kompoststarter und Kompostbeschleuniger.
- Äußerst wichtig für eine erfolgreiche Zersetzung der Stoffe im Komposthaufen – auch »Rotte« genannt – ist eine gute Durchmischung des eingebrachten Materials (→ Abb. 1 und Praxisinfo).

Praxisinfo

### WAS TUN, WENN ES STINKT?

Nicht selten wird ein Komposthaufen, der in der Nähe von Nachbars Zaun steht, zum Zankapfel – spätestens dann, wenn er unangenehme Gerüche produziert!

- Mischen Sie daher Nasses mit Trockenem, Grobes mit Feinem, Grünes mit Strohigem. Dann liegt das Material nicht zu dicht aufeinander – der Komposthaufen bekommt genügend Luft und fault und schimmelt nicht.
- Wenn es dennoch einmal stinken sollte, dann streuen Sie ein paar Hand voll Gesteinsmehl über den Kompost.

■ In sehr trockenen, heißen Sommermonaten sollten Sie den Komposthaufen hin und wieder gründlich gießen.
■ Durch Umsetzen des Komposthaufens (→ Abb. 2), erneuten Zusatz eines Kompoststarters oder Anreichern mit Stalldung können Sie die Reife wesentlich beschleunigen.

## Wann kann Kompost verwendet werden?

■ Nach 3–5 Monaten kann jeder gut gemischte Kompost als **Rohkompost** zum Mulchen verwendet werden. Rohkompost enthält noch mehr oder weniger angerottete, grobe Teile, aber auch schon etwas Humus und jede Menge Lebewesen, die einen schlechten Boden beleben. Sie können Rohkompost unter Bäumen und Sträuchern, auf Obstbaumscheiben, zwischen Starkzehrern (→ Seite 21) oder abgeernteten Beeten ausbringen. Er wird nicht in den Boden eingearbeitet, sondern bleibt auf ihm liegen.
■ Je nach Temperatur und Witterung kann es 1–3 Jahre dauern, bis aus dem »Abfall« gut verrotteter, nährstoffreicher **Reifekompost** (→ Abb. 3) entstanden ist, den Sie nun zur Düngung und Bodenverbesserung einsetzen können. Werfen Sie dazu den Kompost zunächst durch ein Kompostsieb (→ Abb. 4). Bringen Sie dann das feinkrümelige Material ca. 1 cm hoch auf Beeten und Pflanzflächen aus und arbeiten Sie es mit Sauzahn, Grubber oder Rechen flach ein.

1 **Gut gemischt**
Achten Sie beim Füllen eines Kompostsilos oder beim Aufschichten eines Komposthaufens darauf, das Material gut zu durchmischen. Die Abfälle verrotten nur richtig, wenn sie durchlüftet sind.

2 **Beschleunigen Sie die Reife**
Nach 3–6 Monaten bzw. einmal im Jahr sollten Sie den Komposthaufen umsetzen, d. h. Sie schichten das bereits angefallene Material auf einen zweiten Haufen oder in ein zweites Silo um.

3 **Dunkelbraunes »Gold«**
Reifer Kompost riecht angenehm erdig, ist dunkelbraun und krümelig. Er ist nicht nur nährstoffreich, sondern belebt den Boden und verbessert seine Struktur.

4 **Einsatzbereiter Kompost**
Reifen Kompost, den Sie für Kübel und Kästen verwenden, sollten Sie durchsieben, damit eventuell noch vorhandene größere Teile ausgesondert werden.

› PRAXIS

# Von der Wiese zum Gemüsebeet

Ein neues Gemüsebeet können Sie im Prinzip jederzeit anlegen. Im Frühjahr können Sie gleich anschließend pflanzen. Anders im Herbst. Dafür lässt sich dann der Boden besser bearbeiten.

**SO LEGEN SIE EIN GEMÜSEBEET AN**

| J | F | M | A | M | J | J | A | S | O | N | D |
|---|---|---|---|---|---|---|---|---|---|---|---|

**Zeitbedarf:**

- ca. einen halben Tag

**Material:**

**zur Bodenverbesserung:**

- je nach Bodenart Sand, Kies, Humus, Kompost, Kalk oder Steinmehl

**als Wegbelag:**

- Trittsteinplatten, Holzbretter, Rindenmulch, Holzhäcksel, Kiesel, Splitt

**Werkzeug, Zubehör:**

- Grabegabel, Spaten, Fräse, Rechen
- Schnur, Holz- oder Metallpflöcke, Sand, Hammer
- Schubkarre

**Haben Sie** schon eine bestehende Beetfläche, die bisher mit Sommerblumen oder Stauden bewachsen war und aus der jetzt eine neue Heimat für Gemüse- und Salatpflänzchen entstehen soll? Oder soll ein Wiesen- oder Rasenstück im Garten zum künftigen Gemüsebeet avancieren?

## Der richtige Standort

Wie viele Gemüsebeete Sie anlegen wollen und wie groß diese sein sollen, haben Sie ja schon geplant (→ Seite 12). Prüfen Sie aber nochmals den vorgesehenen Standort.

▪ Gemüse- und Salatbeete sollten immer den sonnigsten Platz im Garten bekommen. An halbschattigen oder gar schattigen Stellen ist der Misserfolg vorprogrammiert.

▪ Wenn die Beete in Nord-Süd-Richtung angelegt sind, erhalten die Pflanzen den ganzen Tag über eine optimale Sonneneinstrahlung.

## Schritt für Schritt zum Gemüsebeet

Wenn Sie ein Blumenbeet in ein Gemüsebeet umwandeln wollen, dann befreien Sie das Beet sorgfältig von allem Bewuchs, lockern den Boden mit der Grabegabel auf, arbeiten Kompost ein und ebnen das Ganze anschließend mit dem Rechen – fertig!

Das Umwandeln von Wiesen oder Rasenfläche in ein Gemüsebeet ist etwas aufwändiger:

▪ Stecken Sie den gewünschten Umriss des Beetes zunächst mit einer Pflanzschnur und einigen Holz- oder Metallstöcken ab (→ Abb. 1).

Bei einem runden Beet schlagen Sie in den Mittelpunkt einen Pflock ein. Binden Sie daran im gewünschten Radius eine Schnur, die Sie wie einen Zirkel verwenden. Streuen Sie nun beim Ablaufen der Rundung zur Markierung des Beetrandes Sand aus.

▪ Stechen Sie an der Markierung entlang die Rasensoden in kleinen Stücken flach ab, damit möglichst wenig Boden an den Soden hängen bleibt. Schütteln Sie dann die Soden nochmals kräftig über dem bereits freien Boden ab. Die abgestochenen Rasenstücke können Sie dann auf den Kompost geben. Oder haben Sie irgendwo ein Stück Rasen auszubessern?

▪ Entfernen Sie vorhandene Wurzelunkräuter wie Quecke oder Giersch ganz penibel – besser noch: Tauschen Sie den Boden großzügig aus.

▪ Ist der Boden leicht, dann reicht es aus, wenn Sie ihn mit

1

**o soll das Beet aussehen**
larkieren Sie mit einer Schnur nd Holz- oder Metallpflöcken ie zukünftige Beetfläche. Können Sie die Beetmitte zumindest on zwei Seiten noch gut erreihen? Wie passen Form und röße des Beetes in den Garten?

2

**Den Boden vorbereiten**
Je tiefgrundiger Sie den Boden des zukünftigen Beetes lockern, desto besser für die Pflanzen. Bei leichten Böden reicht die Grabegabel zum Auflockern. Bei schweren Böden werden Sie zum Spaten greifen müssen.

3

**Oberfläche glatt ziehen**
In den gelockerten Boden können Sie jetzt mit der Grabegabel entsprechendes Material zur Bodenverbesserung einarbeiten und dann anschließend die Beetoberfläche mit dem Rechen gut glatt und eben ziehen.

der Grabegabel auflockern. Ist er sehr schwer und fest, dann graben Sie ca. spatentief um und arbeiten zur Bodenverbesserung Sand oder Kompost ein (→ Abb. 2). Im Herbst können Sie auch frischen Stallmist oder noch nicht zersetzten Kompost zur Bodenverbesserung einarbeiten. Verwenden Sie diese Materialien jedoch keinesfalls im Frühjahr, wenn gleich anschließend die ersten Pflanzen gesetzt oder gesät werden – die Pflanzenwurzeln würden an dem frischen Dünger »verbrennen«.
Was Ihr Gartenboden zur Verbesserung benötigt, können Sie durch einen »Bodentest« (→ Seite 36), eine Bodenprobenuntersuchung (→ Tipp Seite 37) und eine pH-Wert-Messung (→ Seite 37) ermitteln.

- Zur Fertigstellung können Sie bei Gemüsebeeten, die für Starkzehrer vorgesehen sind, noch etwas organischen Langzeitdünger oder Kompost aufs Beet streuen und mit dem Rechen leicht in die Beetoberfläche einharken und das Beet glatt ziehen (→ Abb. 3). Ebnen Sie anschließend mit dem Rücken des Rechens die Oberfläche gut ein. Jetzt ist Ihr Beet fertig zur Aussaat bzw. zum Bepflanzen.
- Wenn Sie nicht gleich zum Aussäen bzw. Einpflanzen kommen, dann sollten Sie die fertige Fläche mit einer Mulchfolie abdecken. Das schützt vor Anflug von Unkrautsamen, übermäßiger Austrocknung, sich »badenden« Vögeln oder davor, dass die freie Fläche zum Katzenklo wird.

## Stabilisieren Sie Ihre Beete

Damit die Beetform auch langfristig erhalten bleibt oder von der umgebenden Wiesen- oder Rasenfläche kein Unkraut »einwandert«, sollten Sie die Beete einfassen.
Das geht am einfachsten mit Brettern, aber auch mit Plastikstreifen, wie sie zur Rasenabgrenzung verwendet werden. In modernen Gärten machen sich auch Einfassungen aus glänzendem Metall recht gut. Graben Sie die feste Einfassung so weit in den Boden ein, dass die oberen Ränder mit der Beetoberfläche abschließen. Auch geflochtene Weidenzäune (→ Abb. Seite 15), Steine oder Einfassungen aus mehrjährigen Kräutern oder Buchs halten Ihre Beete gut in Form.

› PRAXIS

# Ertragreicher: Hoch- und Hügelbeete

Hoch- und Hügelbeete sind fruchtbarer und eher zu beernten als normale Beete. Durch ihre »Füllung« läuft in ihnen eine ähnliche Wärme erzeugende Rotte ab wie in einem Komposthaufen.

**Mit einem** Hoch- oder Hügelbeet liegt die zu bearbeitende Kulturfläche höher, so dass das vor allem für ältere oder behinderte Menschen lästige Bücken beim Pflanzen, Jäten und Ernten entfällt.

## Noch mehr Pluspunkte

Außer der praktischen Arbeitshöhe – ein Hügelbeet wird etwa 1 m hoch aufgeschichtet, ein Hochbeet kann wegen seiner festen Umrandung auch höher sein – haben Hoch- und Hügelbeet aber noch einiges mehr zu bieten:

- Die verschiedenen, im Inneren aufgeschichteten Materialien werden mit der Zeit von Mikroorganismen im Boden zersetzt – ganz ähnlich wie im Komposthaufen –, und es entsteht auch im Untergrund von Hoch- und Hügelbeet Zersetzungswärme. Das angepflanzte Gemüse erhält dadurch einen Wachstumsvorsprung von bis zu 10 Tagen gegenüber Gemüse auf »normalen« Beeten.
- Außerdem führt das viele organische Material im Inneren auch dazu, dass dieser Standort besonders fruchtbar ist. Hoch- und Hügelbeete können deshalb während eines Gartenjahres mehrmals bepflanzt werden. Lassen Sie im Frühjahr z. B. Radieschen, Frühe Möhren, Mangold und Schnittsalat wachsen. Verschiedene Salate und Lauch folgen im Frühsommer, im Hochsommer dann vielleicht Kohlrabi, Endivie und Sellerie.
- Ein weiterer Vorteil des Hochbeetes: Gemüse und Salat in luftiger Höhe sind für einige unliebsame Gartenbesucher nicht mehr ganz so leicht zu erreichen! Schnecken und andere kriechende oder krabbelnde Schädlinge finden den Weg zu den Pflanzen in den höher gelegten Beeten deutlich schwerer als auf ebener Erde.
- Ein weiterer Vorteil des Hügelbeetes: Es bietet mehr Platz als ein normales Beet, da Sie auch die Seitenflächen bepflanzen können.

## So wird's gemacht

Hoch- und Hügelbeete sind gleichermaßen aufgebaut. Hochbeete sind aber dauerhafter, da sie in einem stabilen »Kasten« angelegt werden.

- Wie ein normales Gemüsebeet, so werden auch Hoch- und Hügelbeet am besten im Herbst oder Frühjahr angelegt.
- Wählen Sie einen möglichst ebenen, sonnigen Platz im Garten aus, der gut von allen Seiten zugänglich ist.
- Markieren Sie die gewünschte Grundfläche für das Beet mit Holzpflöcken und Schnur und heben Sie den Boden dann

1

**Grundfläche vorbereiten**
Legen Sie den Standort fest und stecken Sie die Grundfläche in der gewünschten Länge und Breite aus. Stechen Sie vorhandenen Grasbewuchs ab und heben Sie den Untergrund aus.

ca. 30 cm tief aus. Legen Sie die abgestochenen Rasensoden zur Seite, Sie können sie noch für die »Füllung« verwenden.

- Wer sich beim Hochbeet den Bau eines Rahmens sparen möchte, der kann einfach eine Kompostanlage aus Holz zum Selbstbau aus dem Baumarkt oder Gartencenter aufbauen (→ Abb. 1 und 2).
- Schichten Sie beim Hügelbeet das Füllmaterial auf, bzw. füllen Sie den Hochbeetrahmen (→ Abb. 3).
- Den Abschluss bildet ein Gemisch aus Erde und fertigem Kompost. Das Hochbeet (→ Abb. 4) bekommt eine ebene Fläche, beim Hügelbeet sollten Sie auf der Kuppe eine Gießrille formen, damit das Wasser beim Gießen nicht sofort an den Seiten herabläuft. Wenn sich die Erde nach ein paar Tagen etwas gesetzt hat, können Sie pflanzen. Gießen Sie ein paar Mal gut an, da das Wasser in der noch lockeren Beetschicht schnell abfließt.

### Wenn das Füllmaterial einsackt

Durch die laufende Zersetzung des Füllmaterials sinken Hoch- und Hügelbeet Jahr für Jahr etwas ein. Füllen Sie deshalb im Frühjahr das Hochbeet immer wieder mit einem Kompost-Erde-Gemisch oder Kompost bis zur ursprünglichen Höhe auf. Nach 5 (beim Hügelbeet) bis 6 Jahren (beim Hochbeet) ist die Füllschicht aufgearbeitet. Sie müssen die Schichtung wieder komplett neu aufbauen.

### EIN HOCHBEET FÜRS GEMÜSE

| J | F | M | A | M | J | J | A | S | O | N | D |
|---|---|---|---|---|---|---|---|---|---|---|---|

**Zeitbedarf:**

- 1/2 bis 1 Tag

**Material:**

- Kompostanlage zum Selbstbau
- zerkleinertes Schnittgut, Rasensoden, Rasenschnitt, unverrottete Gartenabfälle, Laub, Kompost

**Werkzeug, Zubehör:**

- Holzpflöcke, Schnur, Hammer
- Spaten, Schubkarre

2

**Hochbeetumrandung bauen**
Stecken Sie für das Hochbeet die Kompostanlage aus Holz nach Anleitung fest zusammen. Vor Wühlmäusen schützt ein feinmaschiges Drahtgeflecht, das die gesamte Bodenfläche bedeckt und bis zum zweiten Brett reicht.

3

**Füllmaterial einschichten**
Schichten Sie in folgender Reihenfolge: ca. 30 cm zerkleinertes Schnittgut, darauf ca. 15 cm Rasensoden, Rasenschnitt oder unverrottete Gartenabfälle, dann ca. 25 cm Laub und darauf ca. 15 cm halbverrotteten Kompost.

4

**Pflanzfertig machen**
Decken Sie zum Schluss die eingefüllten Schichten im Hochbeet mit einem etwa 30–40 cm hohen Kompost-Humus-Gemisch ab. Glätten Sie dann die Oberfläche mit dem Rechen, so dass eine ebene Pflanzfläche entsteht.

› FRAGE & ANTWORT

# Expertentipps rund um die Anlage

Für die Anlage und das spätere Bepflanzen eines Gemüsegartens ist einiges an Vorbereitungen zu treffen: den Boden auf Vordermann bringen, Kompost herstellen, die Beete zum Aussäen oder Einpflanzen vorbereiten. Damit alles klappt, helfen Tipps und Tricks vom Fachmann.

? **Bereits seit 1,5 Jahren hege und pflege ich meinen Komposthaufen. Jetzt habe ich schönen fertigen Reifekompost und möchte meine Kulturen damit düngen. Was muss ich beachten?**

Ein guter Kompost ist im Obst- und Gemüsegarten vielseitig einsetzbar. Bereits bei der ersten Bodenvorbereitung der Gemüsebeete im zeitigen Frühjahr, wenn Sie den Boden lockern, kann Kompost zur Bodenverbesserung und Humusförderung eingearbeitet werden. Wenn Gemüsejungpflanzen eingewachsen sind, können Sie Kompost auch als Dünger ca. 1 cm hoch auf den Beeten ausbringen und anschließend leicht einarbeiten. Das wird meistens im Frühjahr (April/Mai) der Fall sein. Generell können Sie die Kulturen aber während der Hauptwachstumszeit (maximal bis Ende August) immer mit Nährstoffen in Form von reifem Kompost versorgen. Auch Obstbäume sind für eine Düngung mit dem »schwarzen Gärtnergold« dankbar. Verteilen Sie den Kompost dazu 1–2 cm hoch auf Baumscheiben und unter den Beerensträuchern.

? **Auf unserem Grundstück wurde in den letzten zwei Jahren gebaut, jetzt soll der Gemüsegarten entstehen. Der Boden ist allerdings noch sehr fest. Nach Regen bleibt überall Wasser stehen. Was sollen wir tun?**

Ihr Gartenboden ist wahrscheinlich durch ein häufiges Befahren mit Baumaschinen und schweren Fahrzeugen stark verfestigt und verdichtet. Wenn sich so schnell Pfützen nach Regen bilden, wird er wahrscheinlich auch sehr tonhaltig sein. Ich empfehle Ihnen, zuerst eine »Bodenkur« mit Gründüngungspflanzen zu machen. Säen Sie im Herbst oder Frühjahr z. B. Bienenfreund, Ringelblume, Lupinen oder eine handelsübliche Gründüngungsmischung, z. B. Landsberger Gemenge oder Alexandriner- und Perserklee, auf die zukünftige Gartenfläche. Diese Pflanzen durchdringen selbst stark verhärteten Boden mit ihren Wurzeln so intensiv und tief, dass er nachhaltig aufgelockert und belüftet wird. Etwa sechs Monate nach der Aussaat fräsen oder graben Sie das gesunde Grün einfach unter. Jetzt können Sie mit der Anlage der Pflanzflächen beginnen und dann ganz normal pflanzen. Sollte sich die Vermutung des sehr tonhaltigen Bodens bewahrheiten, dann sollten Sie zur Bodenverbesserung grob strukturiertes Material, wie z. B. guten Kompost, einarbeiten. Um für alle weiteren Verbesserungs- und Düngemaßnahmen eine solide Basis zu haben, würde ich Ihnen ebenfalls raten, eine Probe Ihres Bodens in einem entsprechenden Institut (Adressen → Seite 126) untersuchen zu lassen.

? **Wir wollen einen größeren Gemüsegarten mit mehreren Beeten und Wegen anlegen. Ist**

**Rindenmulch als Wegbelag geeignet?**

Die Abdeckung von Wegflächen mit Rindenmulch ist eine Möglichkeit, ohne großen Aufwand und relativ kostengünstig Wege im Garten anzulegen. Besonders praktisch ist das allerdings nicht.

- Als »Dauerlösung« müssen solche Wege regelmäßig nachbearbeitet werden. Sie müssen die Rindenmulchschicht ständig wieder auffüllen, da das Material – vor allem, wenn es nass wird – stark in sich zusammensinkt und sich natürlich teilweise auch zersetzt. Hat die Schicht eine Stärke von etwa 5 cm deutlich unterschritten, beginnen ganz schnell Gräser und Kräuter aus dem Untergrund hindurchzuwachsen, und der Weg sieht innerhalb kurzer Zeit sehr ungepflegt aus.
- Wenn es sehr nass ist, sind Rindenmulchwege nicht immer bequem und sicher zu begehen, mit einer Schubkarre sinken Sie sogar oftmals ein.
- Ein weiterer Nachteil von Rindenmulch: Unter dem lockeren, in der Tiefe gut Feuchtigkeit haltenden Material siedeln sich sehr gerne Nacktschnecken an!

Ich empfehle Ihnen, die Hauptwege im Gemüsegarten auf jeden Fall mit starken Brettern oder Lattenrosten zu belegen oder sogar feste Wege mit Platten oder Pflaster anzulegen.

**? Wir wollen ein Hochbeet anlegen, fürchten aber, damit Wühlmäuse anzulocken. Wie lässt sich das verhindern?**

Am besten kleiden Sie die Grundfläche des Hochbeetes, bevor Sie das Material einbringen, mit feinmaschigem Kaninchendraht aus. Ziehen Sie den Draht noch an den Rändern gut hoch und fixieren ihn dann mit einem Tacker oder Krampen am Holzrahmen des Hochbeetes, damit er nicht herunterrutschen kann. Wollen Sie auf Nummer sicher gehen, dann legen Sie zwei Lagen Maschendraht ein. So gerüstet wird Ihr Hochbeet bestimmt wühlmausfrei über die Runden kommen!

**? Man hört so viel Verschiedenes über das Umgraben. Ist es denn nun sinnvoll oder eher schädlich?**

Traditionell wurden Gemüsebeete im Herbst umgegraben und lange wurde diese Praxis einfach übernommen, ohne den Sinn im einzelnen Fall zu hinterfragen. Inzwischen haben sich jedoch kontroverse Meinungen und Ratschläge zum Thema »Umgraben – ja oder nein?« entwickelt. Tatsächlich ist es so, dass ein sehr schwerer Boden durch herbstliches Umgraben an Qualität gewinnt. Es entsteht dadurch nämlich eine so genannte »Frostgare«:

Der Frost kann im Winter tief in die umgegrabenen Bodenschichten eindringen und bricht verdichtete und verhärtete Bodenstrukturen auf. Im Frühjahr ist der Boden dann wesentlich lockerer und feinkrümeliger als zuvor.

Wenig Sinn hingegen macht das regelmäßige Umgraben von humosen, gut strukturierten Böden. Die an sich günstige Struktur wird unnötig zerstört. Das Bodenleben wird durch ständiges Umschichten in seiner Arbeit unterbrochen.

Die Qualität von extrem leichten Böden wird durch dauerndes Umgraben sogar deutlich verschlechtert. »Umgraben – ja oder nein?« ist also in erster Linie eine Frage Ihres Bodens.

**? Ich möchte ein Beet mit Heidel- und Preiselbeeren anlegen und habe gelesen, dass sie einen sauren Boden brauchen. Wie kriege ich das dauerhaft in meinem Garten hin?**

Sie haben Recht: Heidel- und Preiselbeeren als typische Moorbeetgewächse brauchen einen sauren Boden, d. h. einen pH-Wert von 3–5. Wenn Sie den pH-Wert Ihres Gartenbodens messen, z. B. mit einem Teststäbchenset aus der Apotheke oder dem Gartenfachhandel, werden Sie sicherlich feststellen, dass er für die gewünschten Beeren zu hoch ist.

Am einfachsten setzen Sie die Beerensträucher in große Kunststofftöpfe und graben sie samt den Töpfen bodeneben ein. Die Töpfe können Sie dann mit genau dem für die Pflanzen geeigneten Substrat füllen. Es eignen sich z. B. fertige Erdmischungen für Rhododendren oder Moorbeetpflanzen oder eine eigene Mischung aus Komposterde mit Rindenkompost oder einem ähnlichen Torfersatzprodukt. Wollen Sie mehrere Pflanzen anbauen, dann versehen Sie doch eine große Mörtelwanne aus Kunststoff mit Abflusslöchern und verfahren ansonsten genauso wie mit den einzelnen Töpfen. Nach einigen Jahren lässt sich die Erde in den Pflanzgefäßen problemlos erneuern. Auf Dauer sind diese Lösungen erfolgversprechender, als wenn Sie das saure Substrat nur in die Pflanzlöcher geben.

# So pflanzen Sie richtig

Haben Sie im Winter bereits Pläne geschmiedet, was auf Ihren Beeten an Salat und Gemüse gedeihen oder welche Obstsorte in Ihrem Garten angepflanzt werden soll? Juckt es Sie schon in den Fingern, endlich loszulegen? Kein Problem, wenn Sie ein paar grundsätzliche Dinge berücksichtigen.

**Ob Sie vorgezogene** Jungpflanzen kaufen oder aber sich selbst am Aussäen und Heranziehen von Salat- und Gemüsepflanzen versuchen wollen. Ob Sie Beerensträucher und Obstbäume im Container einsetzen oder aus Ablegern und Stecklingen heranziehen – mit den richtigen Kniffen werden Sie sicher Erfolg haben!

## Aussäen oder Jungpflanzen kaufen?

Wenn Sie Gemüse und Salat am Fensterbrett vorziehen (→ Seite 50/51) oder im Kleingewächshaus oder Frühbeet kultivieren, können Sie mit den Vorarbeiten für das Bepflanzen der Beete schon im Februar/März beginnen. Insbesondere Liebhaber von erstem zarten Salatgrün nehmen auch gerne etwas Mehrarbeit in Kauf – der Bau eines Frühbeetes (→ Seite 56/57) oder der Einsatz von Gärtnervlies und Folie (→ Seite 58/59) lohnt sich und bringt sichere und frühe Ernten. Robuste Pflanzenarten können auch gleich direkt ins Beet gesät werden (→ Seite 52/53) – ideal für Garteneinsteiger, die schon bald schnelle Erfolge verbuchen wollen.
Für diejenigen, die weder den Platz noch die Zeit für Vorkulturen haben, ist der Kauf bereits vorgezogener Jungpflanzen im April/Mai die Methode der Wahl. Besonders wenn Sie nur wenige Pflanzen von einer Art benötigen.
Beim Aussäen und Einpflanzen gibt es verschiedene Methoden und Tricks, die Ihnen die Gartenarbeit leichter und das Anwachsen sicherer machen.

## Machen Sie das Beste aus Ihrem Obst!

Gekaufte Obstgehölze – egal, ob Wurzel-, Ballen- oder Containerware – sollten zur richtigen Zeit eingesetzt werden, den passenden Standort bekommen und fachgerecht gepflanzt werden (→ Seite 62–65). Beerensträucher lassen sich relativ leicht vermehren (→ Seite 54/55), so dass Sie alt gewordene Sträucher, die nicht mehr viel tragen durch kräftige, selbst herangezogene Jungpflanzen ersetzen können.

*Ob ausgesät oder als vorgezogene Jungpflanzen gesetzt – mit dem richtigen Know-how wird Ihr Gemüse zur üppigen Pracht!*

# Beste Qualität macht sich bezahlt

Saat- und Pflanzgut gibt es in ganz unterschiedlicher Qualität. Vor allem bei Beerensträuchern und Obstbäumen, einer Anschaffung für viele Jahre, sollten Sie die Ware gut ansehen und prüfen.

**Ob Saatgut** oder Pflanzen, je besser die Qualität der Ware, desto besser entwickeln sich die Pflanzen. Das soll nicht heißen, dass Sonderangebote generell schlecht sind. Sehen Sie sich Saatgut und Pflanzware auf jeden Fall sorgfältig an (→ Checkliste Seite 49).

## Obstgehölze – wurzelnackt oder Container?

Bei Obstbäumen und Beerensträuchern können Sie zwischen wurzelnackter Ware, Ballen- und Containerpflanzen wählen – eine Frage des Geldbeutels, der Pflanzengröße und der Pflanzzeit.

*Mit Containerpflanzen sind Sie weitgehend variabel, was den Pflanztermin betrifft.*

### Wurzelnackte Pflanzen

Am preisgünstigsten sind Obstbäume und -sträucher, wenn Sie sie im Herbst oder Frühjahr als so genannte »Wurzelware« kaufen, d. h. mit blanken Wurzeln ganz ohne Wurzelballen.

- Achten Sie darauf, dass die Wurzeln unbeschädigt und nicht zu kurz sind und mindestens drei starke »Wurzeläste« haben.
- Die Triebe bzw. Äste der Gehölze sollten elastisch und nicht vertrocknet sein, die Rinde möglichst unverletzt.
- Ein Etikett mit Angaben zu Sorte und Resistenzen ist ebenfalls ein unverzichtbares Qualitätsmerkmal.
- Wurzelnackte Pflanzen sollten so schnell wie möglich eingepflanzt werden (→ Seite 62). Die Wurzeln dürfen auf gar keinen Fall austrocknen.

### Ballenware

Größere Gehölze werden auch in Form von Ballenware angeboten. Das bedeutet, dass die Bäume mit einem festen Erdballen um ihre Wurzeln herum geliefert werden. Der Wurzelballen ist mit einem Jutetuch oder Drahtgeflecht fixiert. Ballenware wird wie die wurzelnackten Pflanzen im September/Oktober oder im März/April angeboten und gepflanzt.

- Achten Sie darauf, dass der Ballen – der keinesfalls zu klein sein darf – fest und stabil und die Erde im Inneren nicht bröselig, trocken oder locker ist. Ein guter Wurzelballen fällt nicht auseinander.

*In Multitopfplatten vorkultivierte Salatjungpflanzen haben kompakte Wurzelballen und können gut gepflanzt werden.*

▪ Gute Ballenware ist ebenfalls eindeutig mit Sorte und Resistenzen etikettiert.

### Containerpflanzen

Containerpflanzen haben im Vergleich mit Wurzel- und Ballenware den großen Vorteil, dass sie fast das ganze Jahr über gepflanzt werden können – ausgenommen extrem heiße Sommer- oder frostige Wintertage. Dafür sind sie in der Regel auch wesentlich teurer.

▪ Überprüfen Sie, ob der Ballen gut durchwurzelt, jedoch nicht völlig verfilzt ist.

▪ Achten Sie auf eine exakte Etikettierung.

### Auf die Krone kommt es an

Bei Obstbäumen ist ein gutes Grundgerüst der Krone ausschlaggebend für ein gesundes, zufrieden stellendes Wachstum. Achten Sie daher darauf, dass der Stamm in einen geraden Mitteltrieb übergeht, der das Zentrum der Krone bildet. Davon ausgehend sollten mindestens drei starke Äste vorhanden sein, die später im Kronengerüst als Leitäste fungieren können. Im günstigsten Fall sind sie gleichmäßig um den Mitteltrieb angeordnet.

## Junges Gemüse ...

... bekommen Sie schon ab Ende Februar beim Gärtner, im Gartencenter oder auf dem Markt. Sie werden einzeln mit Topfballen oder zu mehreren in Multitopfplatten angeboten.

▪ Die Topfballen sollten bei beiden Angebotsformen kompakt, gut durchwurzelt und nicht zu trocken sein.

▪ Wählen Sie möglichst kräftige Pflanzen. Sie sollten außer den Keimblättern bereits 1–5 typische Laubblattpaare haben.

▪ Sind die Blätter gleichmäßig grün, ohne Flecken, Aufhellungen oder braune Ränder, ist das ein Hinweis auf weitgehend gesunde Pflanzen.

## Qualitätssaatgut

Der Handel bietet Standardsaatgut und zertifiziertes Saatgut an. Standardsaatgut richtet sich nach dem EG-Standard und ist mit »ST« oder »Standardsaatgut« gekennzeichnet. Zertifiziertes Saatgut wird aus ausgewählten Pflanzen gewonnen. Es ist besonders keimfähig – aber auch teurer.

▪ Auf den Samentüten dürfen Angaben wie Aussaattermine, Licht- oder Dunkelkeimer (→ Seite 50) und Kulturhinweise nicht fehlen.

▪ Achten Sie aber vor allem auf das Verpackungs- bzw. Haltbarkeitsdatum!

Checkliste

**AUGEN AUF BEIM PFLANZENKAUF!**

✔ Sind **Blätter und Triebe** frei von Flecken, Verletzungen, deutlichen Verfärbungen und Fraßspuren?

✔ Sind die **Wurzeln** unbeschädigt, hell, nicht verfilzt und nicht vertrocknet?

✔ Sind **Äste, Zweige und Rinde** unverletzt, elastisch und frisch?

✔ Ist auch ein **Etikett** mit Angabe zu Sorte und Resistenzen vorhanden?

PRAXIS

# Gemüse und Salat aus eigener Anzucht

Viele Salat- und Gemüsearten keimen nur bei Temperaturen zwischen 18–22 °C oder haben lange Kulturzeiten. Sie werden daher nicht direkt ins Freie gesät, sondern im Warmen vorgezogen.

**Wenn Sie** mediterrane Gemüse in Ihrem Garten anbauen oder die Kulturzeit von Salat oder Kohlrabi verkürzen wollen, dann ziehen Sie diese Pflanzen selbst an. Sie erhalten mit Ihrer eigenen Kinderstube nicht nur preiswerte Jungpflanzen. Es macht auch Spaß, das Wachstum der Sämlinge »hautnah« mitzuerleben.

### PFLANZEN VORZIEHEN

| J | F | M | A | M | J | J | A | S | O | N | D |
|---|---|---|---|---|---|---|---|---|---|---|---|

**Zeitbedarf:**
- 15 Min. bis 1 Stunde

**Material:**
- Saatgut
- Anzuchterde

**Werkzeug, Zubehör:**
- Aussaatschalen, Töpfe, Jiffy-Pots, Torfquelltöpfe
- Wasserauffangschalen
- Abdeckhaube, Folie, Glasplatte oder Glasglocke
- Sieb, Holzbrettchen, Pikierholz, Handschaufel, Zerstäuber, Etiketten, Stift

## Anzucht im Warmen

Zum Vorziehen ist ein beheizbares Kleingewächshaus der optimale Ort. Die beste Alternative ist ein Fensterplatz an einem hellen, sonnigen Südfenster – wenn möglich nicht über der Heizung, weil hier die Temperatur zu ungleich und die Luft zu trocken ist. An sonnigen Nachmittagen sollten Sie hier die Anzucht beschatten. Der optimale Zeitpunkt für die Anzucht ist Anfang März. Jetzt ist die Lichtintensität schon stark genug, und die Tageslänge nimmt langsam zu.

### Worin anziehen?

Anzuchtschalen oder Mini-Gewächshäuser (→ Abb. 1 und 4) sind natürlich die besten Anzuchtgefäße. Flache Schalen oder Holzkistchen, Ton- und Plastiktöpfe, ja, selbst Eisbehälter und Joghurtbecher eignen sich aber auch.
Feine Samen sind in flachen Schalen am besten aufgehoben. Große Samen, z. B. von Gurke oder Zucchini, sollten Sie jeweils zu dritt in kleine Tontöpfchen, Torfquelltöpfe oder Jiffy-Töpfe stecken (→ Abb. 3). Sparen Sie nicht am Substrat! Verwenden Sie spezielle Aussaaterde, die keinen Dünger enthält und möglichst frei von groben Bestandteilen ist.

### Licht- oder Dunkelkeimer?

- Füllen Sie das Anzuchtgefäß mit Substrat, das sie mit einem Holzbrettchen leicht andrücken. Verteilen Sie dann den Samen darauf.
Lesen Sie auf der Samentüte nach, ob es sich um Licht- oder Dunkelkeimer handelt: Bedecken Sie die Samen von Dunkelkeimern so hoch mit Substrat, wie sie dick sind. Nehmen Sie ein Sieb zur Hand, dann geht's leichter. Lichtkeimer werden nur leicht auf der Substratoberfläche angedrückt.
- Feuchten Sie die Aussaat gleichmäßig mit lauwarmem Wasser an, und decken Sie das Gefäß dann mit einer Abdeckhaube, Glasplatte, Folie oder Glasglocke ab.
- Versehen Sie die Saatgefäße mit Etiketten, auf denen Pflanzenname und Aussaatdatum stehen. Stellen Sie die Gefäße hell und warm (ca. 20 °C) auf. Kontrollieren Sie täglich die Substratfeuchtigkeit.

### Achten Sie auf Wärme und Feuchtigkeit!

Bis zur Keimung sollten die Samen gleichmäßig warm und feucht gehalten werden. Die Samen dürfen keinesfalls austrocknen, aber auch nicht zu feucht stehen. Sobald die ersten Sämlinge keimen, sollten Sie die Abdeckung etwas öffnen: Legen Sie Holzklötzchen unter die Glasscheibe oder machen Sie einige Löcher in die Folie oder Plastikhaube. Sobald die Pflanzen neben den Keimblättern weitere Blätter gebildet haben, können Sie die Abdeckung ganz entfernen.

### Sämlinge brauchen Platz

Spätestens wenn die Sämlinge 2–3 Laubblattpaare entwickelt haben, stehen sie sehr dicht, nehmen sich gegenseitig Licht weg und werden »langbeinig«. Jetzt sollten Sie sie vorsichtig vereinzeln (pikieren) und in größere Gefäße oder Einzeltöpfe umsetzen (→ Abb. 2). Wenn Sie beim Herauslösen der Einzelpflänzchen mit dem Pikierholz die Nachbarpflänzchen etwas festhalten, beschädigen Sie deren Wurzeln nicht.

### Wurzelschonend anziehen

Je weniger Wurzeln bis zum Auspflanzen ins Beet beschädigt werden, umso besser wachsen die Jungpflanzen an. In Jiffy-Pots oder Torfquelltöpfe (→ Abb. 3) ausgesät – oder zumindest pikiert – können Jungpflanzen mitsamt der Töpfe ausgepflanzt werden. Die Wurzeln wachsen durch die Topfwände in den Boden.

1

**Richtig aussäen**
Verteilen Sie die Samen auf dem ebenen Anzuchtsubstrat, je gleichmäßiger, desto besser. Feuchten Sie die Aussaat mit dem Zerstäuber gründlich an, und decken Sie das Anzuchtgefäß gut ab.

2

**Sämlinge vereinzeln**
Heben Sie die Pflänzchen einzeln mit einem Pikierholz mitsamt der Wurzel umgebenden Erde etwas an. Lösen Sie sie dann vorsichtig heraus und setzen Sie sie einzeln in kleine Töpfe.

3

**Mit Topf einpflanzen**
Wenn Sie große Samen direkt in Jiffy-Pots (links) oder Torfquelltöpfe (rechts) aussäen, können Sie die Pflänzchen später mitsamt den Töpfen ins Beet setzen.

4

**Optimal: Mini-Gewächshaus**
Im Mini-Zimmergewächshaus angezogen, haben Ihre Sämlinge einen optimalen Start. Vergessen Sie aber auf keinen Fall, das Gewächshaus regelmäßig zu lüften!

PRAXIS

# Einfach und leicht: direkt ins Freiland säen

Bei der Aussaat direkt ins Freiland keimen Gemüse und Salat gleich an Ort und Stelle. Sie können aber erst aussäen, wenn der Boden sich erwärmt hat und keine Nachtfröste mehr zu erwarten sind.

**Für die** Aussaat direkt aufs Beet ins Freiland eignen sich vor allem Pflanzen mit relativ kurzer Kulturdauer wie Bohnen, Erbsen, Feldsalat, Mangold, Möhren, Pflück- und Schnittsalat, Radieschen, Rettich und Spinat.

## Ab ins Beet!

Bei der Aussaat gibt es drei wichtige Punkte zu beachten: den richtigen Aussaattermin, die notwendige Saattiefe und den notwendigen Abstand von Samen zu Samen. Generell gilt:

- Der Boden sollte sich schon gut erwärmt haben. In kaltem Boden keimen die Samen nicht, sondern faulen.
- Weder in zu trockenem, noch in zu nassem Boden gehen die Samen gut auf.
- Lockern Sie die Erde mit Hacke oder Grubber gut auf. Sie sollte fein und krümelig sein. Verkrustete Oberflächen können die Sämlinge nur schwer durchbrechen.

### Wann und wie tief säen?

- Wenn Sie sich als frühesten Aussaatzeitpunkt ins Freie an die althergebrachte Frist der »Eisheiligen« (Mitte Mai) halten, sind Sie bei allen Kulturen auf der sicheren Seite. Genaue Angaben zur besten Aussaatzeit der einzelnen Gemüse- oder Salatarten finden Sie auf den Samentütchen.
- Für die meisten Gemüse liegt die Saattiefe bei 2–5 cm. Richten Sie sich auf alle Fälle nach der Saattiefe, die auf den Samentütchen angegeben ist.

In schweren Böden, die sich nur langsam erwärmen, sollten Sie lieber 1 cm höher säen, als vorgeschrieben ist.

### Praktische Tipps

- Wenn Sie bei der Aussaat Schwierigkeiten haben, weil Sie dunkle Samen auf der Erde schlecht sehen, dann vermischen Sie das Saatgut vor dem Ausbringen mit Talkumpuder.
- Ganz feinen Samen (z. B. Möhren), der beim Ausstreuen oftmals zu dicht liegt, können Sie mit Sand vermischen.
- Die meisten Gemüse keimen innerhalb von 4–14 Tagen. Saatgut, das länger zum Keimen benötigt (z. B. Mangold) sollten Sie mit schnell keimender »Markiersaat« (z. B. Radieschen) vermischen, um damit die Saatreihen schneller sichtbar zu machen.
- Große Samen, wie die von Bohnen oder Erbsen, keimen besser, wenn Sie sie 12 Stunden in lauwarmem Wasser vorquellen lassen und noch feucht in den Boden stecken.
- Schützen Sie Ihre Aussaaten vor starker Sonneneinstrahlung, späten Nachtfrösten, Platzregen oder Vogelfraß mit Vlies, bei Horstsaaten auch mit Pflanzhütchen (→ Abb. 4).

1

**Praktische Reihensaat**
Spannen Sie eine Pflanzschnur und ziehen Sie mit dem Rechenstiel oder einem Pflanzholz an ihr entlang eine ca. 2 cm tiefe Rille, in die hinein Sie die Samen nicht zu dicht legen.

## Aussaatmethoden

Beim Aussäen aufs Beet gibt es verschiedene Methoden:

### Breitwürfig ausstreuen

Vor allem Gründüngungspflanzen, aber auch Spinat und Feldsalat können Sie ganz einfach breitwürfig über die gewünschte Fläche aussäen.

- Streuen Sie dazu die Samen möglichst gleichmäßig aus dem Handgelenk aus.
- Arbeiten Sie die Saat mit dem Rechen leicht in die Erde ein, und übergießen Sie die Saatfläche mit einer feinen Brause.

### In Reih und Glied gesät

Die Reihensaat, d. h. die Aussaat in vorgezogene Saatrillen (→ Abb. 1.) können Sie für fast alle Gemüse anwenden.

- Halten Sie den richtigen Reihenabstand ein (siehe Angabe auf dem Samentütchen).
- Schließen Sie die Rillen mit dem Rechen und gießen Sie die Saat gleichmäßig an.
- Eine gleichmäßige Verteilung der Saat erreichen Sie mit Saatbändern (→ Abb. 2) oder Saatrollern – allerdings ist dies etwas kostspieliger.

### Gemeinsam standfester

Gemüse, die viel Platz beanspruchen, als Einzelpflanze aber nicht sehr standfest sind, wie Bohnen und Erbsen, benötigen zum einen eine Stütze, sollten aber auch zu mehreren beieinander stehen. Legen Sie daher die Samen in so genannten Horsten oder Dibbeln (→ Abb. 3) in den Boden.

**DIREKTSAAT AUFS BEET**

| J | F | M | A | M | J | J | A | S | O | N | D |
|---|---|---|---|---|---|---|---|---|---|---|---|

**Zeitbedarf:**

- 15 bis 60 Min.

**Material:**

- Saatgut
- evtl. Sand
- evtl. Talkumpuder

**Werkzeug, Zubehör:**

- leichte Hacke oder Grubber, Rechen, Pflanzschnur, Holz- oder Metallpflöcke
- Gießkanne
- Vlies oder Pflanzhütchen

2

**Saatband & Saatroller**
Eine wunderbar gleichmäßig auflaufende Saat ohne mühsames Pikieren liefern Saatbänder aus Spezialpapier, in das die Samen schon im richtigen Abstand eingebettet sind und die Sie in vorgezogene Rillen einlegen.

3

**Horst- oder Dibbelsaat**
Stecken Sie bei der Aussaat von Bohnen, Erbsen oder Gurken jeweils 3–7 Samen an einer Stelle in die Erde, so dass die Sämlinge einen »Horst« bilden. Halten Sie die auf den Samentütchen angegebenen Horstabstände ein.

4

**Schützende Pflanzhütchen**
Pflanzhütchen aus teilweise undurchsichtigem Kunststoff können Sie schnell über der aufgehenden Saat aufstellen, wenn z. B. noch Nachtfröste angesagt sind oder die Saat vor starker Sonne geschützt werden sollte.

PRAXIS

# Beerenobst – aus eins mach zwei

Die Vermehrung von Baumobst ist relativ aufwändig, das sollten Sie dem Gärtner überlassen. Beerenobst jedoch können Sie mit einfachen Methoden im Hausgarten selbst »vervielfältigen«.

**Beerenobst** hat viele Vorteile: Es passt in den kleinsten Garten, ja selbst auf Balkon und Terrasse. Es liefert schon ein Jahr nach dem Pflanzen die ersten Früchte. Sie können Beerensträucher auf verschiedene Weise leicht vermehren.

## Erdbeeren vermehren

Spätestens nach drei Jahren sind Erdbeerpflanzen »erschöpft«, Größe und Anzahl der Früchte gehen deutlich zurück. Sie sollten daher alle 2–3 Jahre ein neues Erdbeerbeet anlegen. Und zwar am besten an einem neuen Platz, damit der Boden nicht ermüdet und sich keine schädlichen Bodenpilze und Fadenwürmer (Nematoden) entwickeln. Erdbeeren sind leicht zu vermehren, denn nach der Fruchtreife treibt der Wurzelstock lange Ausläufer, die über den Boden kriechen und an den Knoten neue Pflänzchen (Tochterpflanzen oder Ableger) ausbilden.

- Trennen Sie im Juni/Juli die kräftigsten Ausläufer, wenn sie eigene Wurzeln gebildet haben, von der Mutterpflanze. Graben Sie sie vorsichtig aus und setzen sie auf ein neues Beet oder in Töpfe (→ Abb. 1). Schneiden Sie alle anderen Ausläufer ebenfalls ab, sie schwächen sonst nur die Mutterpflanze.
- Sie können aber auch mit gut verrottetem Kompost gefüllte Töpfchen in die Erde versenken. Lassen Sie dann ganz gezielt die Ausläufer in diese Töpfe wachsen und anwurzeln. Wenn die Pflänzchen kräftig genug sind, schneiden Sie die Verbindung zur Mutterpflanze durch. Nehmen Sie die Pflanze aus dem Topf und setzen Sie den Topfballen ins neue Beet.
- Gießen Sie gut an. Halten Sie die Jungpflanzen leicht feucht.

## Beerensträucher vermehren

Für die Vermehrung von Beerensträuchern gibt es verschiedene Methoden:

### Triebspitzen absenken

Von Brombeeren, Stachelbeeren und Johannisbeeren können Sie im Frühsommer Absenker (→ Abb. 2) machen.

- Wählen Sie einen kräftigen ein- oder zweijährigen Trieb zum Absenken aus.
- Lockern Sie an der Stelle, an der der Trieb fixiert wird, die Erde auf und mischen Sie etwas Kompost unter.
- Biegen Sie den Trieb herab, und verankern Sie ihn auf dem Boden. Die fixierte Stelle muss

Praxisinfo

**EIN OBSTBAUM – MEHRERE SORTEN**

- Für Gartenbesitzer, die nur Platz für einen Obstbaum in ihrem Garten haben, gibt es mittlerweile Obstbäume im Handel, die mehrere Sorten tragen, z. B. Duo-Apfelbäume ('Idared' und 'Golden Delicious'), Duo-Birnenbäume ('Williams Christ' und 'Clapps Liebling') und Duo-Süßkirschenbäume ('Große Germersdorfer' und 'Van').
- Sie können sich bei Platzmangel aber auch von einem Fachmann zwei oder drei verschiedene Sorten auf ein und denselben Baum veredeln lassen.

**1 Ausläufer abnehmen**
Sie können Erdbeerausläufer im alten Beet Wurzeln treiben lassen, dann ausgraben und ins neue Beet setzen. Wurzelschonender ist es, die Ausläufer in Töpfe hineinwachsen zu lassen und mit dem Topfballen zu verpflanzen.

**2 Absenker verankern**
Befestigen Sie den Absenker etwa 20 cm unterhalb des Triebendes mit Hilfe von zwei Drahtklammern so am Boden, dass die Stelle mit den Augen auf dem Boden aufliegt. Hier bilden sich nach einigen Wochen Wurzeln aus.

**3 Steckhölzer stecken**
Stecken Sie die Steckhölzer dicht an dicht so tief ins vorbereitete Beet, dass nur ein oder zwei Augen aus dem Boden herausschauen. Im nächsten Jahr werden die bewurzelten Steckhölzer in ein größeres Beet gepflanzt.

unbedingt Augen haben – aus ihnen entwickeln sich Wurzeln und neue Triebe.

■ Bedecken Sie die Verankerungsstelle mit Erde. Kontrollieren Sie im Laufe des Sommers mehrmals, ob der Trieb noch fest aufsitzt, und halten Sie den Boden feucht.

■ Bis zum nächsten Frühsommer haben sich ausreichend Wurzeln gebildet. Sie können den Absenker jetzt abschneiden und an den vorgesehenen Platz setzen.

## Steckhölzer einsetzen

Von Himbeeren, Jostabeeren, aber auch Johannisbeeren und Stachelbeeren können Sie im Herbst Steckhölzer schneiden.

■ Bereiten Sie ein Beet mit lockerem, eventuell etwas mit Sand vermischtem Boden vor, in das die Steckhölzer dann eingesteckt werden (→ Abb. 3). Da die Steckhölzer ganz dicht eingesteckt werden, brauchen Sie nicht viel Platz.

■ Schneiden Sie im September/Oktober, wenn die Pflanzen ihr Laub abgeworfen haben, einjährige, gut ausgreifte Triebe in ca. 15–20 cm lange Stücke. Die Triebe, aus denen Sie Steckhölzer schneiden, sollten bereits verholzt, d. h. eine braune Rinde haben, etwa bleistiftdick und nicht mehr allzu biegsam sein. Der Schnitt am unteren Ende sollte knapp unterhalb eines Auges liegen.

■ Stecken Sie die Hölzer möglichst eng nebeneinander ins Beet. Sie bleiben hier ja nur so lange, bis sie ausreichend Wurzeln ausgebildet haben.

■ Halten Sie die Erde feucht.

■ Die Steckhölzer bilden innerhalb von einem Jahr Wurzeln und 1–2 Neutriebe aus. Nehmen Sie die Steckhölzer jetzt vorsichtig aus dem Boden heraus und setzen Sie sie im Abstand von 30–40 cm auf ein neues Beet. Kürzen Sie die Neutriebe um etwa zwei Drittel ein, damit sie sich von Grund auf gut verzweigen.

■ Im darauf folgenden Herbst können Sie die Jungpflanzen dann an ihren endgültigen Standort versetzen.

## Wurzelausläufer

Im Juni bilden Himbeeren an Wurzelausläufern Jungpflanzen aus. Sie können diese im Herbst oder darauf folgenden Frühjahr mit der Gartenschere vom Wurzelausläufer abschneiden und verpflanzen.

PRAXIS

# Mit dem Frühbeet die Erntezeit verlängern

Haben Sie Lust, den Küchengarten noch einige Wochen über die übliche Gartensaison hinaus zu nutzen, haben aber keinen Platz für ein Gewächshaus? Dann brauchen Sie ein Frühbeet!

**SO BAUEN SIE EIN FRÜHBEET AUF**

| J | F | M | A | M | J | J | A | S | O | N | D |
|---|---|---|---|---|---|---|---|---|---|---|---|

**Zeitbedarf:**

- 1/2 Tag

**Material:**

- Frühbeet-Fertigbausatz
- feinmaschiges Drahtgeflecht

**Werkzeug, Zubehör:**

- Grabegabel, Spaten
- Schnur, Holz- oder Metallpflöcke, Hammer
- Schubkarre

**Mit einem** Frühbeet können Sie schon ab März Setzlinge für das erste Gemüse oder Salatpflänzchen anziehen, aber auch die ersten Radieschen aussäen. Kälte empfindliche Arten wie Gurken oder Zucchini haben im Sommer auch bei kühleren Nächten einen geschützten Platz. Und im Herbst können hier auch noch Salat oder Radieschen wachsen.

## Das Frühbeet – selbst gebaut oder gekauft?

Frostfreie Tage ab Mitte Februar sind am günstigsten, um ein Frühbeet anzulegen. Ob Sie einen Fertigbausatz aus dem Baumarkt oder Gartencenter verwenden (→ Abb. 1–5) oder aus Brettern und Glasscheiben oder einem alten Fenster (das so genannte »Deutsche Normalfenster« mit den Standardmaßen 1,5 x 1 m passt hervorragend auf einen Frühbeetkasten) das Frühbeet selbst zusammenzimmern, das bleibt Ihrem handwerklichen Geschick überlassen.

### Die richtige Größe

Der Frühbeetkasten sollte ca. 30–50 cm hoch sein. Die Rückseite mindestens 10 cm höher sein als die Vorderseite. Durch eine nach Süden oder Südwesten ausgerichtete Schräge erwärmt sich die Luft im Frühbeetkasten stärker. Außerdem läuft an der Schräge Regenwasser gut ab, und es sammelt sich auch kein Tau auf der Abdeckung an. Wassertropfen auf dem Glas wirken bei Sonneneinstrahlung wie ein Brennglas und die darunter wachsenden Pflanzen »verbrennen« leicht. In der Praxis hat sich eine Kastenbreite von 1–1,5 m gut bewährt, weil Sie dann an alle Pflanzen gut herankommen. Die Länge können Sie beliebig wählen. Für die Versorgung einer vierköpfigen Familie mit Gemüse und Salat z. B. reicht ein 4 m langes Frühbeet aus.

### Und so gehen Sie vor

- Wählen Sie einen möglichst sonnigen Platz im Garten, an dem das künftige Frühbeet auf jeden Fall an einer Längsseite gut zu erreichen und zu bearbeiten ist. Mit einer Ausrichtung in Ost-West-Richtung erreichen Sie die beste Lichtausnutzung.
- Legen Sie zuerst einmal den Standplatz für das Frühbeet fest. Stecken Sie zunächst mit einer Pflanzschnur und mehreren Holz- oder Metallpflöcken die geplante Grundfläche für das Frühbeet ab (→ Abb. 1) und prüfen Sie nochmals den Standort und die Ausrichtung.
- Ist der ausgewählte Platz mit Rasen oder Wiese bewachsen, dann entfernen Sie die Rasensoden. Graben Sie die Erde dann etwa spatentief um und

lockern Sie sie mit der Grabegabel gut auf.

- Senken Sie dann den Frühbeetrahmen etwa 5 cm tief in den Boden ein (→ Abb. 2).
- Treiben Wühlmäuse in der Nachbarschaft oder gar in Ihrem Garten ihr Unwesen, sollten Sie den Untergrund mit einer Lage aus feinmaschigem Drahtgeflecht sichern.
- Haben Sie einen guten Gartenboden, dann könnten Sie diesen schon als Frühbeetfüllung nutzen. Besser ist jedoch eine Mischung aus Erde und reifem Kompost. Lockern Sie den Boden gut auf. Zerkleinern Sie größere Erdklumpen und entfernen Sie Unkrautwurzeln. Sorgen Sie zum Schluss für eine glatte Oberfläche (→ Abb. 3).
- Jetzt ist das Frühbeet gut vorbereitet. Der Aussaat oder dem Einpflanzen steht nichts mehr im Wege (→ Abb. 4). Achten Sie auf die richtigen Pflanzabstände. Mischen Sie schmale Pflanzen mit ausladend wachsenden, dann passt mehr in den Kasten.
- Denken Sie daran, dass die Pflanzen ausreichend Frischluft bekommen (→ Abb. 5). Bei fertig gekauften Frühbeeten, kann der Deckel in mehreren Stellungen geöffnet werden. Es gibt sogar Frühbeete mit automatischer Fensteröffnung, die mit Solarenergie angetrieben werden.

Bei einem selbst gebauten Frühbeetkasten geht das sichere Öffnen am besten mit Holzstückchen, die Sie quer oder hochkant zwischen Abdeckung und Rahmen klemmen.

1

**Den Standort festlegen**
Markieren Sie vor dem Aufstellen des Frühbeetes die Grundfläche. So können Sie im Tagesverlauf überprüfen, ob Lage und Ausrichtung auch sonnig genug sind.

2

**Alles im Rahmen?**
Stellen Sie den Frühbeetrahmen auf den gelockerten Boden. Prüfen Sie nochmals die Ausrichtung! Drücken Sie dann den Rahmen vorsichtig in den Boden ein.

3

**Die Füllung macht's**
Füllen Sie gute Gartenerde oder ein Kompost-Erdgemisch in den Rahmen. Füllen Sie so hoch auf, dass die ebene Fläche ca. 15 cm Abstand zur Fenstermitte hat.

4

**Die Pflanzen ziehen ein**
Pflanzen Sie ab Anfang März z. B. Kopfsalat und Kohlrabi mit einem Pflanzabstand von ca. 25 cm in versetzten Reihen an. So können sich beide Arten gut entwickeln.

5

**Lüften muss sein!**
Öffnen Sie je nach Außentemperatur tagsüber die Abdeckung. An sonnigen Tagen weit und länger, an trüben weniger und kürzer. Lüften Sie nicht zu sparsam!

# Pflanzen unter Folie und Glas

Es gibt eine ganze Reihe Maßnahmen, die es dem Gärtner ermöglichen, zu säen und zu pflanzen ehe es das Klima erlaubt – und dann natürlich auch eher zu ernten. Suchen Sie sich die passende aus.

**Aussaaten** und Jungpflanzen gedeihen am besten bei einer möglichst gleichmäßigen Boden- und Luftfeuchtigkeit und einer konstanten Erwärmung von Boden bzw. Substrat und umgebender Luft. Doch wo ist das in unserer geografischen Lage der Fall?

## Erste Klasse: das Gewächshaus

Erwärmte und mit Feuchtigkeit gesättigte Luft bietet selbst exotischen Pflanzen die besten Wachstumsverhältnisse. Ein Gewächshaus erfüllt diese Bedingungen nahezu optimal. In einem beheizbaren Gewächshaus können Sie sogar rund ums Jahr gärtnern. Der Fachhandel hält ein großes Angebot an Gewächshäusern bereit: aus Folie, Kunststoff oder Glas, mit einfacher oder automatischer Belüftung, ungeheizt und beheizbar, in verschiedenen Größen und Preisklassen.
Die Anschaffung eines Gewächshauses ist nicht gerade billig und Sie müssen den richtigen Platz zum Aufstellen haben. Auch nicht alles Gemüse ist für das Gewächshaus geeignet. Verwenden Sie bevorzugt Sorten, die durch die Vorsilbe »Treib« gekennzeichnet sind. Für viele Freiland-Sorten ist das Gewächshaus nämlich zu feucht-warm.

*In einem Gewächshaus herrschen ideale Bedingungen für den Gemüseanbau.*

## Billiger: Folientunnel, Folie und Vlies

Die einfachste Möglichkeit, auch ohne Gewächshaus zumindest kurzfristig einen »Gewächshauseffekt« zu erzielen, ist die Verwendung von durchsichtiger Kunststofffolie. Viele Kulturen wie Kopf-, Pflück- und Schnittsalat, Radieschen oder Rettiche lassen sich unter Folie im Frühjahr bis zu drei Wochen früher ernten als ungeschützt auf dem Beet. Allerdings entsteht unter ganz normaler Folie über kurz oder lang meist Schwitzwasser, das zu Schimmelbildung führen kann. Also heißt es lüften! Das ist aber bei größeren, mit Folie abgedeckten Beeten ziemlich mühsam. Auch zum Gießen muss die Folie abgenommen werden. Und was ist, wenn die

*Vlies- und Folientunnel sollten an warmen und sonnigen Tagen geöffnet werden, damit keine Stauwärme entsteht.*

Pflanzen in die Höhe wachsen? Für alle drei Probleme hat der Handel gute Lösungen parat:

### Loch- und Schlitzfolie

Eine geniale Alternative zur normalen Folie ist Loch- oder Schlitzfolie. Durch die Löcher oder Schlitze in der Folie ist ein Luft- und Feuchtigkeitsaustausch möglich, so dass kein Schwitzwasser entstehen kann. Im Unterschied zur Lochfolie hat Schlitzfolie einen weiteren Vorteil: Mit dem Heranwachsen der Pflanzen öffnen sich die Schlitze immer mehr, die Folie wächst also mit.

- Legen Sie die Folie locker über das Beet. Graben Sie die Ränder in den Boden ein oder beschweren Sie sie mit Steinen o. ä., damit sie bei windigem Wetter nicht wegfliegt.
- Zum Gießen muss die Folie nicht abgenommen werden. Kontrollieren Sie, solange die Schlitze noch nicht weit geöffnet sind, aber vorsichtshalber hin und wieder, ob der Boden darunter auch feucht genug ist.

### Weißes Vlies

Vlies ist nicht ganz so durchsichtig wie Folie, dafür aber leichter und absolut luft- und wasserdurchlässig. Sie können also über das Vlies gießen. Auch Vlies wächst mit dem Gemüse mit, wenn Sie es locker auflegen und nicht zu straff an den Rändern einspannen. Vlies wird in der Regel als Frostschutz verwendet: Bei Frost gefriert der Wasserfilm auf dem Vlies, und es entsteht eine dünne Eisschicht. Diese verhindert, dass die unter dem Vlies gespeicherte Wärme abstrahlen kann.

### Ein Tunnel fürs Gemüse

Fast wie unter Gewächshausbedingungen wachsen Salat und Gemüse unter Folientunneln, die Sie im Fachhandel kaufen können. Sie werden über dem bepflanzten Beet aufgestellt.

- Stecken Sie im Abstand von ca. 2 m gebogene Federstahlstäbe (im Fachhandel erhältlich mit 2,5–3 m Länge für ein 1,2 m breites Beet) fest auf beiden Seiten ins Beet, so dass sie einen Bogen bilden.
- Ziehen Sie dann am besten Lochfolie (sie lässt Wasser und Luft durch) über die gebogenen Stäbe und binden Sie sie an den Enden zusammen.
- Wenn Sie an den Stellen, an denen die gebogenen Stäbe im Boden stecken, einen zweiten Stab in die Erde drücken, kann die Folie nicht davonfliegen.
- Öffnen Sie trotz der Löcher in der Folie an sonnigen Tagen beide Enden des Tunnels zum besseren Durchlüften.

Praxisinfo

**VORSICHT VOR ZU VIEL NITRAT!**

Kopfsalat, Mangold, Radieschen, Rettiche und Spinat neigen dazu, bei Lichtmangel verstärkt Nitrat anzureichern. Bei Sonnenschein wird das Nitrat zum Aufbau von Eiweiß verwendet – also verbraucht.

- Nehmen Sie daher Folien-, Vlies- und Tunnelabdeckungen ab, sobald die Pflanzen darunter kräftig herangewachsen sind – spätestens jedoch vier Wochen vor der Ernte!
- Entfernen Sie die Abdeckung an einem trüben Tag, damit die Pflanzen nicht sofort der Sonne ausgesetzt sind.

PRAXIS

# Salat und Gemüse richtig pflanzen

Salat und Gemüse richtig zu pflanzen ist kein Hexenwerk: Verwenden Sie kräftige Jungpflanzen mit gut ausgebildetem Wurzelballen, und achten Sie auf die richtige Pflanzhöhe.

**Sie können** gekaufte oder selbst herangezogene Jungpflanzen von Salat und Gemüse ab März unter Glas und Folie und spätestens ab Mitte Mai bis in den Herbst hinein direkt ins Beet einpflanzen. Bereiten Sie die Pflanzfläche gut vor (→ Seite 40–43), und pflanzen Sie am besten in den kühleren Nachmittags- oder Abendstunden. Bei großer Tageshitze und starker Sonneneinstrahlung machen die Jungpflanzen ganz schnell schlapp – auch wenn sie gut angegossen sind.

## Setzlinge pflanzen

Vor dem Pflanzen sollten Sie berücksichtigen, wie viel Abstand die einzelnen Pflanzen zueinander benötigen, um ungehindert heranwachsen zu können (→ Porträtteil oder Angaben auf den Samentüten).

- Heben Sie mit einer Handschaufel ein Loch aus, das etwas größer und breiter als der Wurzel- oder Topfballen ist, und setzen Sie die Jungpflanze möglichst gerade ein.
- Füllen Sie um den Ballen herum Erde auf und drücken sie ringsherum gut fest.
- Gießen Sie jetzt gut an. Bewässern Sie aber nur die Erde rings um die einzelne Pflanze, nicht die Blätter und Triebe – das beugt einem Befall mit Fäulnispilzen vor.

## Platzsparend pflanzen

- Schlanke und schmale Gemüsearten, wie Möhren, Porree oder Radieschen, pflanzen Sie am besten in einer Reihe (→ Abb. 1). Das ist übersichtlich und platzsparend.
- Kopfsalat und Kohl, die ausladend in die Breite wachsen und eine Menge Standraum beanspruchen, sollten Sie im Verbund pflanzen (→ Abb. 2). Auf diese Weise können Sie den Abstand der Pflanzreihen enger bemessen, die Pflanzabstände aber dennoch einhalten.

**In Reih und Glied gepflanzt**
In Reihen gepflanzt lassen sich Gemüse- und Salatkulturen gut pflegen, bewässern und ernten. Mit einer zwischen zwei Holzstöcken gespannten Schnur erreichen Sie, dass die Pflanzreihen schön gerade werden.

**Mehr Platz im Verbund**
Bei der Verbundpflanzung setzen Sie die Pflanzen der zweiten Reihe nicht parallel zu denen der ersten ein, sondern gegeneinander versetzt – also immer auf die Lücke zwischen zwei Pflanzen.

## Pflanzhöhen beachten

Bei einigen Pflanzenarten sollten Sie ganz genau beachten, wie hoch oder tief die Pflanze ins Pflanzloch kommt.

- Bei Gemüse mit rosettenartigem Wuchs, wie Kopfsalat oder Knollensellerie, ist das »Pflanzenherz«, d. h. das Wachstumszentrum in der Mitte der Pflanze, besonders empfindlich gegenüber verschiedenen Fäulniserregern. Die Pflänzchen dürfen also nicht zu tief eingesetzt werden (→ Abb. 3).
- Pflanzen Sie Kohlrabi so hoch ein, dass der Wurzelhals nicht in der Erde sitzt, dann kann sich die Knolle gut ausbilden.
- Tomaten gehören zu den Tiefwurzlern. Setzen Sie die Pflanze bis zum ersten Blattpaar in den Boden (→ Abb. 4). Jetzt kann sie viele Seitenwurzeln ausbilden. Stecken Sie vor allem bei hochwachsenden Sorten gleich Holz- oder gewundene Metallstäbe als Stütze mit ins Pflanzloch.
- Auch Lauch, Paprika und kopfbildendes Kohlgemüse entwickeln sich besser, wenn sie bis zum ersten Blattansatz eingesetzt werden.

## Zwiebeln stecken

Sie können Zwiebeln ab März aussäen. Bessere Ergebnisse erzielen Sie allerdings mit dem Einsetzen von Steckzwiebeln Ende April/Anfang Mai. Diese Methode ist außerdem weniger aufwändig, da das Ausdünnen der Saat und das Umsetzen der Sämlinge entfällt.

### SALAT UND GEMÜSE PFLANZEN

| J | F | M | A | M | J | J | A | S | O | N | D |
|---|---|---|---|---|---|---|---|---|---|---|---|

**Zeitbedarf:**
- 20–60 Min.

**Material:**
- selbst vorgezogene oder gekaufte Jungpflanzen, Steckzwiebeln
- evtl. verrotteter Kompost
- Pflanzenstäbe, Bast

**Werkzeug, Zubehör:**
- Handschaufel
- Pflanzschnur mit Holzpflöcken
- Gießkanne ohne Tülle

3

**Salat nicht zu tief setzen**
Setzen Sie Salat, vor allem die kopfbildenden Arten, möglichst flach ein. Der Wurzelhals sollte maximal 1 cm tief im Boden sitzen. So können die Pflänzchen nicht umfallen, faulen aber auch nicht von innen heraus.

4

**Tomaten sind Tiefwurzler**
Heben Sie beim Einsetzen von Tomatenpflanzen das Pflanzloch großzügig aus, damit Sie die Pflanze möglichst tief setzen können. Sie kann dadurch viele kräftige Seitenwurzeln ausbilden, die für guten Halt sorgen.

5

**Zwiebeln stecken**
Drücken Sie die Steckzwiebeln mit dem spitz zulaufenden Teil nach oben etwa 2–3 cm tief in den Boden. Die dünne Triebspitze sollte noch herausschauen. Stecken Sie in Reihen mit einem Abstand von 20–25 cm.

PRAXIS

# Beerenobst hat ganz spezielle Pflanzansprüche

Wenn Sie Ihr Beerenobst richtig einsetzen, dann bilden die Pflanzen schnell ausreichend neue Wurzeln und wachsen gut an. Sie können dann über Jahre mit einer reichen Ernte rechnen.

**BEERENSTRÄUCHER PFLANZEN**

| J | F | M | A | M | J | J | A | S | O | N | D |
|---|---|---|---|---|---|---|---|---|---|---|---|

**Zeitbedarf:**

- 20–60 Min. pro Strauch

**Material:**

- Beerensträucher
- evtl. verrotteter Kompost

**Werkzeug, Zubehör:**

- Spaten, Grabegabel, Handschaufel, Gießkanne
- Anbindepfähle
- Pflanzschnur, Holzpflöcke

**Beerensträucher** sind richtige Individualisten. Fast jede Art hat beim Pflanzen ihre eigenen Wünsche an Pflanzzeit, Pflanztiefe, Abstand und Boden. Grundsätzlich sollten Sie die Pflanzen erst kaufen, wenn Sie den Pflanzplatz vorbereitet haben und gleich starten können. Die Wurzeln dürfen keinesfalls austrocknen! Stellen Sie sie notfalls in einen Eimer mit Wasser.

## Sonderfall: Erdbeeren

Erdbeeren werden in der Regel im Sommer (Juli/August) in Reihen aufs Beet gepflanzt. Monatserdbeeren (Hänge-Erdbeeren) und Klettererdbeeren kommen im Mai in die Erde oder in entsprechende Pflanzgefäße (→ Seite 26).

- Markieren Sie die Pflanzreihen mit einer Schnur. Setzen Sie die Pflanzen im Abstand von ca. 30 cm ein.
- Das Pflanzloch soll so groß sein, dass die Wurzeln locker nach unten hängen. Erdbeeren sind Tiefwurzler (→ Abb. 1).
- Füllen Sie nun mit Erde auf, drücken die Pflanze mit beiden Händen an und gießen mit der Gießkanne ohne Tülle gut den Wurzelbereich an.

## Beerensträucher – fachgerecht gepflanzt

Für alle Beerensträucher gelten folgende Regeln:

### Die richtige Pflanzzeit

Beerensträucher pflanzen Sie in gemäßigtem Klima am besten im September, dann können die Jungpflanzen noch gut einwurzeln, so dass sie gleich im Frühjahr dem Boden ausreichend Wasser und Nährstoffe entnehmen und gut austreiben können. In Gegenden mit sehr harten Wintern sollten Sie erst ab März pflanzen, Kälte empfindliche Arten wie Brombeeren, Kiwi oder Weinreben sogar erst im Mai. Sie treiben zwar nicht so schnell aus wie im Herbst gesetzte Pflanzen, sind dafür aber nicht mehr frostgefährdet.

### Abstand halten

Setzen Sie Beerensträucher nicht zu eng. Gehen Sie beim Abstand von Pflanze zu Pflanze vom ausgewachsenen Strauch aus (→ Porträtteil).
Denken Sie auch daran, dass Sie die Sträucher beim Ernten und Pflegen von allen Seiten gut erreichen können.

### Richtig pflanzen

- Heben Sie mit dem Spaten eine Pflanzgrube aus, die den Wurzeln oder dem Topfballen genügend Platz bietet. In der Regel dürften 50 x 50 cm ausreichend sein.
- Vermischen Sie den Aushub mit verrottetem Kompost. Damit bieten Sie dem Strauch eine gute Starthilfe.

■ Lockern Sie die Wände und den Boden auf, damit die Wurzeln in der neuen Umgebung besser Fuß fassen können.

■ Stellen Sie die Pflanze gerade ins Pflanzloch ein und breiten Sie die Wurzeln wurzelnackter Pflanzen locker aus. Schlagen Sie bei Hochstämmchen jetzt gleich einen Stützpfahl mit ein, da Sie gut sehen können, wo die Wurzeln sind.

■ Füllen Sie nun Erde ein. Achten Sie darauf, dass sie gut zwischen den Wurzeln verteilt ist und keine größeren Hohlräume entstehen. Gießen Sie am besten mehrmals hintereinander, dann verteilt sich die Erde besser um die Wurzeln.

■ Gießen Sie zum Schluss nochmals durchdringend an.

### Beerensträucher mit Sonderwünschen

■ Himbeeren (→ Abb. 2) werden in Reihe gepflanzt. Sie bevorzugen einen leicht sauren Boden. Die gut sichtbaren Triebknospen am Wurzelansatz sollten ca. 5 cm unter der Erde liegen. Decken Sie den Wurzelbereich gut ab.

■ Bei den Johannisbeeren (→ Abb. 3) sollten alle Triebansätze im Boden sein, dann bilden sich verstärkt bodennahe Neutriebe aus. Sie sollen also tiefer sitzen als sie in der Baumschule oder im Topf standen.

■ Weinreben (→ Abb. 4) brauchen einen möglichst warmen und windgeschützten Platz. Halten Sie etwa 50 cm Abstand zum Spalier, und leiten Sie den schräg eingesetzten Trieb an einem Stab zum Spalier hin.

1

**Erdbeeren dürfen nicht zu tief sitzen**
Achten Sie beim Einsetzen der Erdbeerpflänzchen darauf, dass die Herzknospe knapp über der Erdoberfläche sitzt, damit die jungen Blättchen nicht faulen.

2

**Himbeeren brauchen einen guten Wurzelschutz**
Bedecken Sie beim Himbeerpflanzen die Basis der Pflanze ca. 5 cm mit Erde, dann sind die alljährlich aus dem Wurzelstock neu austreibenden Ruten gut geschützt.

3

**Johannisbeeren sollen tiefer sitzen als zuvor**
Setzen Sie Rote und Weiße Johannisbeeren 2–3 cm, Schwarze Johannisbeeren sogar 10 cm tiefer ein als sie im Topf stehen, sie treiben dann besser aus.

4

**Achten Sie auf die Veredlungsstelle!**
Setzen Sie Wein 20–30 cm tief und leicht schräg in den Boden ein. Die Veredlungsstelle muss ca. 5 cm aus dem Boden schauen.

PRAXIS

# So pflanzen Sie einen Obstbaum richtig ein

Einen Obstbaum zu pflanzen, ist schon ein besonderes Ereignis. Der Baum bleibt ja viele Jahre an ein und derselben Stelle und sollte sich hier gut und ungehindert entwickeln können.

**Einmal gepflanzt**, sollte ein Obstbaum nicht seinen Platz räumen müssen, weil er mit zunehmendem Alter doch zuviel Schatten aufs Blumenbeet oder die Terrasse wirft, seine Wurzeln dem Gemüsebeet wertvolle Nährstoffe entziehen oder der Gartenteich vom Laubfall beeinträchtigt wird. Eine vorausschauende Planung vor dem Pflanzen des Baumes ist daher unabdingbar.

## Der richtige Zeitpunkt

Obstbäume gibt es in drei verschiedenen Formen zu kaufen:

- als Wurzelware mit blanken Wurzeln ohne Wurzelballen,
- als Ballenware mit einem Wurzelballen, der von einem Sacktuch oder Drahtgeflecht zusammengehalten wird,
- als Containerpflanze im Topf.

Wurzelnackte oder ballierte Obstbäume pflanzen Sie am besten im Spätherbst, wenn die Bäume keine Blätter mehr tragen. In diesem Zustand verdunsten sie kaum noch Wasser, so dass sie die Zeit, bis sich neue Wurzeln gebildet haben, am besten überstehen. Kälte empfindliche Obstarten wie Aprikose, Pfirsich oder Quitte sollten Sie besser im Frühjahr pflanzen. Containerpflanzen können Sie fast das ganze Jahr über einsetzen.

## Gut eingesetzt ist halb angewachsen

Frisch gekaufte wurzelnackte oder ballierte Obstbäume sollten möglichst schnell eingesetzt werden, damit die Wurzeln nicht an- oder gar vertrocknen. Stellen Sie den Baum auf jeden Fall bis zum Pflanzen in eine Wanne voll Wasser oder schlagen Sie den Wurzelballen in feuchte Tücher ein.

- Pflanzen Sie den Baum am besten zu zweit!
- Heben Sie ein Pflanzloch aus, das tief genug ist, dass Wurzelgeflecht oder Wurzelballen gut darin Platz finden. Außer Birnen, die eine Pfahlwurzel in die Tiefe treiben, bilden alle anderen Obstarten flache, aber lange Wurzeln dicht unter der Oberfläche aus.
- Lockern Sie die Wände und den Boden des Pflanzloches großzügig auf, dann wachsen die Wurzeln leichter ein.
- Schlagen Sie jetzt gleich am Rand des Pflanzloches, und

Tipp

**AUF GUTE NACHBARSCHAFT!**

Achten Sie beim Pflanzen Ihrer Obstbäume auf jeden Fall auf die richtigen Grenzabstände. Die für Sie gültigen Werte können Sie bei der Gemeinde erfragen. Grob gilt: Bäume, die höher als 2 m werden, sollten mindestens 2 m Abstand zum Nachbargrundstück haben. Kleiner bleibende Bäume sollten mindestens 50 cm von Nachbars Zaun entfernt sein.

**1 allentuch aufbinden**
enn Sie Ballenware einsetzen, ollten Sie das umgebende Tuch ıfknoten, damit es sich nicht päter in den Stamm einschnürt. ehen Sie genau hin: Manchmal ersteckt sich darunter nochmals n kleineres Ballentuch.

**2 Eine Stütze muss sein**
Schlingen Sie zum Anbinden des Baumstämmchens einen Kokosstrick oder ein Baumband zweimal in Form einer Achterschlaufe um Stamm und Pfahl und binden Sie den Stamm dann nicht zu fest am Stützpfahl an.

**3 Halten Sie die Wurzeln feucht**
Mulchen Sie gleich nach dem Einsetzen den Wurzelbereich oder säen Sie einjährige Blütenpflanzen wie Kapuzinerkresse oder Ringelblumen unter dem Baum aus. Beides hält den Boden feucht und locker.

zwar auf der Seite der Hauptwindrichtung, einen kräftigen Holzpfahl ein, der dem Baum die nächsten 1–2 Jahre den notwendigen Halt bietet.

■ Achten Sie darauf, dass beim Einsetzen zwischen Baumstamm und Pfahl gut eine Handbreit Platz ist, damit der Stamm ungehindert wachsen kann. Der Haltepfahl sollte so lang sein, dass er ca. 10 cm unter der Krone endet. Bei Spindel- und Buschbäumen kann er auch in die Krone hineinreichen.

■ Breiten Sie bei wurzelnackten Bäumen die Wurzeln gut im Pflanzloch aus. Sie dürfen weder geknickt noch gebogen sein. Schneiden Sie auch eventuell beschädigte Wurzeln ab. Öffnen Sie bei Ballenware das umgebende Sacktuch oder Drahtgeflecht (→ Abb. 1).

■ Die Veredlungsstelle soll gut eine Handbreit über dem Boden liegen.

■ Füllen Sie das Pflanzloch gut mit Erde auf und drücken sie zwischendurch immer wieder gut fest. Besser noch, Sie gießen beim Einfüllen immer wieder an, dann wird die Erde gleich gut um die Wurzeln herum eingeschwemmt.

■ Gießen Sie zum Schluss noch einmal durchdringend an. Lassen Sie das Wasser gut einsickern. Gießen Sie den Baum auch in den folgenden Wochen immer wieder gut an.

■ Binden Sie nach 2–3 Tagen – wenn sich die Erde im Pflanzloch etwas gesetzt hat – den Stamm locker an den Pfahl an (→ Abb. 2). Kontrollieren Sie im Lauf des Wachstums immer wieder, ob das Baumband den Stamm nicht einschnürt.

### Bestens vor Austrocknung geschützt!

Damit der Wurzelbereich nicht austrocknet, sollten Sie die Baumscheibe (der Bereich mit ca. 1 m Durchmesser um den Stamm herum) ca. 3 cm hoch mit Rindenmulch, Laubhäcksel oder Kompost abdecken. Denselben Zweck erfüllt auch eine Bepflanzung mit einjährigen Sommerblumen (→ Abb. 3).

PRAXIS

# Obst, Gemüse und Salat in Kästen und Töpfen

Mit einem Balkon-Küchengarten werden Sie zwar nicht zum Selbstversorger. Sie können aber trotzdem eine kleine Auswahl an Salat, Gemüse und Obst anpflanzen und erntefrisch genießen. Wie wäre es mit Hänge-Erdbeeren oder Ballerina-Apfelbäumchen, Cocktail-Tomaten oder Pflücksalat?

**Damit die** Pflanzen in Ihrem Topfgarten gut wachsen und gedeihen, muss das Gefäß groß genug, der Wasserabzug gesichert, das Substrat nährstoffreich und gut speicherfähig sein und nicht zuletzt muss auch der Standort passen.

## Jeder Pflanze das passende Gefäß

Grundsätzlich gilt: Die Gefäße sollten so groß sein, dass die Wurzeln bis zur Erntereife genügend Platz darin finden. In Töpfen aus Ton herrscht

1

**Vermeiden Sie Staunässe!**
Blähton kann viel Wasser aufnehmen und eignet sich deshalb hervorragend als Drainagematerial. Wenn Sie darüber nun noch ein dünnes Vlies legen, schwemmt beim Gießen kein Substrat in die Drainageschicht ein.

2

**Die »Stellprobe«**
Stellen Sie Ihre Pflanzen erst mal zur Probe ein: Ist zwischen den Einzelpflanzen genügend Abstand, damit sie sich bis zu ihrer endgültigen Größe auch ungehindert nach allen Richtungen ausbreiten können?

3

**Wasser marsch!**
Füllen Sie um die Pflanzen heru die restliche Erde so weit auf, dass ein ca. 1 cm hoher Gießran entsteht und drücken sie fest ar Gießen Sie dann mit der Gießkanne ohne Tülle rund um den Wurzelballen direkt in die Erde.

meist ein besseres Kleinklima für die Pflanzenwurzeln. Kunststofftöpfe hingegen lassen sich – vor allem ab einer gewissen Größe – leichter bewegen und umstellen.

### Topf, Schale, Kasten oder Kübel?

- Für Salate, die ja alle zu den Flachwurzlern gehören, also nicht viel Tiefe benötigen, eignen sich flache Schalen, Balkonkästen oder mit Folie ausgelegte Holzkisten oder Körbe sehr gut zum Pflanzen.
- Tomaten, Paprika oder Auberginen sind in tieferen Tontöpfen mit einem Mindestdurchmesser von 40 cm gut aufgehoben. Die Gefäße haben ein großes Fassungsvermögen und genügend Standfestigkeit für die tiefwurzelnden und relativ groß und ausladend werdenden Gemüse.
- In Ampelgefäßen, Hanging-Baskets oder speziellen Erdbeertöpfen fühlen sich Hänge-Erdbeeren besonders wohl.
- Beerensträucher, Beerenhochstämmchen oder kleine Obstbäumchen sollten in große, standfeste Kübel mit viel Erdvolumen (mindestens 10 Liter) gesetzt werden, in denen auch eine Stütze noch einen guten Halt findet.

### Wasserabzug gesichert?

Ganz gleich, welche Art von Gefäß Sie verwenden, ein Wasserabzugsloch im Boden, aus dem überschüssiges Gießwasser ablaufen kann, ist ein absolutes »Muss«. Wenn Sie Gefäße mit Folie auslegen, muss diese auch einige Löcher haben, damit keine Staunässe entsteht. »Nasse Füße« führen ganz schnell zu faulenden und absterbenden Wurzeln.

- Legen Sie über die Wasserabzugslöcher einige Tonscherben oder große Kiesel, damit sie mit der Zeit nicht durch eingeschwemmte Erde verstopft werden.
- Vor allem größere Pflanzgefäße für Obstgehölze, die mehrere Jahre lang dort wachsen und gedeihen sollen, brauchen eine zusätzliche Drainageschicht (→ Abb. 1). Legen Sie deshalb eine ca. 2–3 cm starke Lage aus Blähtonkügelchen, grobem Kies oder Schotter an.

## So bepflanzen Sie Ihren Topfgarten

Als Pflanzsubstrat verwenden Sie am besten eine fertige Blumenerde mit guter Wasser- und Nährstoffspeicherfähigkeit oder eine Mischung aus Blumen- und Komposterde. Sie erhalten im Fachhandel auch 100% torffreie Erden, die umweltschonend aus nachwachsenden Rohstoffen hergestellt werden und sich bestens für Salat und Gemüse eignen.

- Füllen Sie das Gefäß zu etwa zwei Drittel locker mit Erde und stellen Sie die Pflanzen erst einmal probeweise ein, um den richtigen Pflanzabstand zu ermitteln (→ Abb. 2).
- Stimmt alles, dann halten Sie die Pflanze mit einer Hand fest und füllen mit der anderen Hand ringsherum Erde auf und drücken sie fest. Setzen Sie die Pflanzen so ein, dass der Wurzelballen bequem Platz hat und keine Wurzeln umgeknickt werden.
- Füllen Sie das Gefäß dann mit Erde auf, aber nicht randvoll, sonst rinnt sie beim Gießen über den Rand hinaus. Das ist zum einen unschön, zum andern geht unnötig Substrat verloren.
- Gießen Sie die einzelnen Pflanzen gut an (→ Abb. 3), d. h. so lange, bis überschüssiges Wasser durch das Abzugsloch abfließt. Mit Wasser gefüllte Untersetzer ausgießen.
- Stellen Sie die frisch bepflanzten Gefäße zunächst für einige Tage an einen schattigen Platz, um sie ganz allmählich an die Sonne zu gewöhnen.

**KÄSTEN UND TÖPFE BEPFLANZEN**

| J | F | M | A | M | J | J | A | S | O | N | D |
|---|---|---|---|---|---|---|---|---|---|---|---|

**Zeitbedarf:**

- 20–60 Min.

**Material:**

- Jungpflanzen
- Gefäße mit passenden Untersetzern
- Drainagematerial
- torffreie Blumenerde
- verrotteter Kompost
- evtl. Sand

**Werkzeug:**

- Handschaufel
- Gießkanne

› FRAGE & ANTWORT

# Expertentipps rund ums Pflanzen

Manche Aussaaten wollen einfach nicht keimen, manche Jungpflanzen nicht weiter wachsen. Frisch eingesetzte Obstbäumchen kümmern vor sich hin. Woran mag das wohl liegen? Nicht verzagen, für fast alle »Pannen« gibt es hilfreiche Tipps und Tricks vom Fachmann.

**? Ich habe in Saatschalen Kohlrabi ausgesät. Die Pflänzchen sind gut gekeimt, aber jetzt werden die Sämlinge am Stängel braun und fallen um. Was habe ich falsch gemacht?**

Wahrscheinlich wurden Ihre jungen Kohlrabipflanzen von der Keimlingskrankheit oder Umfallkrankheit (→ Seite 81) befallen, die an Sämlingen unterschiedlichster Pflanzen auftreten kann. Verschiedene Pilze und Bakterien, die sich in Anzuchtgefäßen, Töpfen oder in der Erde befinden können, lösen diese Krankheit aus. Sind die Sämlinge erst einmal braun geworden und umgefallen, ist es für eine Bekämpfung schon zu spät. »Vorbeugen« heißt hier das Motto. Das beginnt schon bei den Vorbereitungen zur Aussaat:

- Achten Sie bei Saatschalen, Anzuchtgefäßen und Töpfen auf Sauberkeit und reinigen Sie die Saatgefäße vor der Verwendung immer gut mit heißem Wasser.
- Verwenden Sie für Aussaaten keine schon einmal benutzte, sondern frische, ungedüngte, spezielle Anzuchterde. Bereits verwendete Erde können Sie im Backofen bei 150 °C desinfizieren.
- Säen Sie nicht zu dicht und vereinzeln Sie die Sämlinge rechtzeitig, bevor sie zu langbeinig werden und hoch aufgeschossen wachsen.
- Halten Sie die Aussaaterde gleichmäßig feucht, vermeiden Sie jedoch stehende Nässe.
- Besprühen Sie die Aussaat vorbeugend mit verdünnter Ackerschachtelhalmbrühe.

**? Wir haben einen neuen Garten angelegt und möchten als Nächstes verschiedene Obstarten pflanzen. Welche Zeit ist dafür am besten geeignet?**

Wenn Sie – wie meistens üblich – die Obstbäume und -sträucher als Wurzelware pflanzen, dann sind der Herbst (September–November) oder das zeitige Frühjahr (März–April) geeignete Zeitpunkte. Wichtig ist, dass die Gehölze ihr Laub bereits abgeworfen bzw. noch nicht neu ausgetrieben haben, denn die Blätter brauchen und verbrauchen viel Wasser und Energie, was besser der Ausbildung neuer Wurzeln zugute kommen sollte.

Apfel-, Zwetschgen- und Kirschbäume lassen sich sowohl im Herbst als auch im Frühjahr gut pflanzen. Für Birnbäume und die meisten Beerensträucher ist eine Herbstpflanzung empfehlenswerter, sie können dann bis zum Frühjahr und dem Laubaustrieb in Ruhe Wurzeln bilden. Ausgesprochen Wärme liebendes Obst wie Weinrebe, Kiwi, Pfirsich und Nektarine sollten Sie am besten nach den Eisheiligen pflanzen.

**? Nachdem ich in den letzten Jahren in meinem Garten gute Erfolge mit dem Pflanzen von Buschbohnen hatte, habe ich jetzt Stangenbohnen ausgesät. Diese sind jedoch gar nicht oder nur sehr spärlich gekeimt bzw.**

**abgestorben. Woran mag das gelegen haben?**

Wahrscheinlich reicht die Qualität Ihres Gartenbodens für die anspruchsvollere Bohnenart nicht aus. Buschbohnen sind im Gegensatz zu Stangenbohnen wesentlich anspruchsloser, was Boden und Standort betrifft. Außer auf sehr schweren oder ausgesprochenen trockenen Böden wachsen sie fast überall und bringen sogar im Halbschatten noch gute Erträge. Nicht so die Stangenbohnen: Sie brauchen einen tiefgründigen – sie wurzeln bis in 1,5 m Tiefe! – und sehr humusreichen Boden. Ist die Bodenoberfläche hart, verkrustet oder verdichtet, haben sie bereits bei der Keimung Schwierigkeiten und die Sämlinge verkümmern noch im Boden.

- Eine tiefgründige Lockerung des Bodens und eine Bodenverbesserung durch Einarbeiten von gut verrottetem Kompost könnte hier Abhilfe schaffen.
- Vergessen Sie auch nicht, vor der Aussaat die Bodenoberfläche von groben Bestandteilen zu befreien, mit einem Rechen fein zu glätten und anschließend anzudrücken, damit die Samen optimale Startchancen haben.

**? Ich habe im vorigen Herbst einen Apfel-Niederstamm fachgerecht gepflanzt. Er zeigt jedoch kein großes Wachstum. Woran kann das liegen?**

Wahrscheinlich fehlen dem Baum Nährstoffe. Wollen Sie Ihren Obstbaum richtig düngen, dann sollten sie dafür sorgen, dass der Dünger auch an die Feinwurzeln gelangt. Die dicken Wurzeln in Stammnähe dienen vor allem dazu, den Baum fest im Boden zu verankern. Die feinen Wurzeln, die Wasser und Nährstoffe aufnehmen, befinden sich in etwa dort im Boden, wo oben die Ränder der Krone sind. Graben Sie im Herbst unter den Kronenrändern einen kreisförmigen, 15–20 cm tiefen Graben. Füllen Sie ihn mit reifem Kompost, gemischt mit mineralischen oder organischen Düngern. Decken Sie das Ganze mit einer ca. 10 cm dicken Mulchschicht ab.

**? Ich habe nun schon zum wiederholten Mal Blumenkohl gepflanzt. Das erste Mal hatte ich eine schöne Ernte. Die Jahre darauf wuchsen die Pflanzen allerdings nur kümmerlich und es bildeten sich nur kleine oder gar keine richtigen Köpfe aus. Woran kann das liegen?**

Blumenkohl gehört zusammen mit Rot- und Weißkohl, Rosenkohl, Grünkohl, Chinakohl, Kohlrabi, Radieschen, Rettich und vielen anderen Blütenpflanzen zur großen Familie der Kreuzblütler. Alle Angehörigen dieser Pflanzenfamilie weisen eine starke Unverträglichkeit gegenüber Pflanzen der eigenen Art und Familie auf. Das bedeutet für den Gemüse- und Blumengärtner, dass er beim Kultivieren unbedingt Anbaupausen einhalten muss. Frühestens nach drei, besser erst nach vier Jahren sollte Blumenkohl oder auch irgendein anderer Kreuzblütler wieder am selben Platz gesät oder gepflanzt werden. Hält man sich nicht an diese Fristen, kümmern die Pflanzen auf den Beeten vor sich hin, wachsen kaum oder nur stockend und liefern keine nennenswerten Ernteerträge. Auch für die Doldenblütler (Möhre, Knollenfenchel, Sellerie) und die Gänsefußgewächse (Rote Bete, Mangold, Spinat) gelten solche Anbaupausen auf ein und demselben Beet.
Damit sich Beete, auf denen Sie mehrfach den stark zehrenden Blumenkohl gepflanzt haben, wieder erholen und regenerieren können, empfehle ich eine Aussaat von Ringelblumen oder Tagetes als »Bodenkur«, bevor Sie wieder anderes Gemüse auf diesen Flächen anbauen.

**? Wir besitzen schöne Blech- und Metallgefäße, in die wir gerne Salat und Gemüse setzen möchten. Müssen wir da etwas Besonderes beachten?**

Achten Sie auf jeden Fall darauf, dass die Gefäße gute Wasserabzugslöcher haben. Wenn nicht, dann schlagen Sie mit Hilfe eines Hammers und eines dicken Nagels entsprechende Abzugslöcher in die Gefäße.
Pflanzen direkt in Blech- und Metallgefäßen zu kultivieren ist aus verschiedenen Gründen nicht unbedingt ratsam:
1. Metallgefäße können sich sehr stark aufheizen, was den Pflanzenwurzeln natürlich nicht sehr zuträglich ist.
2. Nicht verzinkte Behältnisse korrodieren beim Kontakt mit Feuchtigkeit schnell. Die Wurzeln Ihrer Gemüsepflanzen sollten allerdings nicht in einem Rost-Erde-Gemisch wachsen!
Benutzen Sie die Blech- und Metallgefäße doch einfach als Übertöpfe und setzen Sie Ihre Salat- und Gemüsepflanzen in ganz einfache Plastiktöpfe.

# Bewährte Tipps zur Pflege

**Gießen, düngen, mulchen, Krankheiten und Schädlinge in Schach halten und Pflanzen vor der Winterkälte schützen – all das gehört zu den Pflegearbeiten eines Nutzgärtners. Wenn Sie Ihre Pflanzen mit dem nötigen Know-how pflegen, sind Ihnen üppiges Wachstum und eine reiche Ernte gewiss.**

**Wann werden** Obst und Gemüse gegossen und gedüngt, wie viel und wie oft? Welches Material eignet sich am besten zum Mulchen, und weshalb soll überhaupt Mulch auf den Beeten ausgebracht werden? Mit den richtigen Tipps zur Pflege von Obst und Gemüse (→ Seite 72/73) sind Sie aufs Beste gerüstet.
Selbst wenn es trotz guter Pflege auf Grund von ungünstigen Witterungseinflüssen, Standort- oder Bodenverhältnissen einmal zu Wachstumsstockungen oder zu einem Kümmern Ihrer Pflanzen kommt, ist guter Rat nicht unbedingt teuer. Einfache Maßnahmen, wie eine Strukturverbesserung des Bodens durch Mulchen (→ Seite 72/73), das vorbeugende Gießen mit Brennnesselbrühe oder das Abdecken mit einem Netz, um lästige Gemüsefliegen abzuhalten (→ Seite 78/79) können schnell und wirkungsvoll Abhilfe schaffen.

## Gut geschnitten wächst besser

Obstgehölze – egal, ob Beerensträucher oder Obstbäume – brauchen neben dem passenden Standort, einer ausreichenden Wasserversorgung und der richtigen Düngung noch eine weitere Pflegemaßnahme, um möglichst gesund, wüchsig und ertragreich zu sein: einen fachgerechten Schnitt (→ Seite 74/75), durch den das Kronengerüst der Obstbäume bzw. die Triebverzweigung der Beerensträucher in die richtigen Bahnen gelenkt wird, alte, kranke und schwache Triebe entfernt und gesunde Triebe gefördert werden.

## Der Garten im Winter

Wenn Sie im Spätherbst einige Vorbereitungen für die kalte Jahreszeit treffen, wie Weißanstrich bei Obstbäumen oder gezieltes Abdecken (→ Seite 76/77), helfen Sie Ihren Obstbäumen und Beerensträuchern, besser über den Winter zu kommen. Sie können in der kalten Jahreszeit auch das eine oder andere Gemüse sowie winterharten Salat frisch vom Beet, unter dem Folientunnel oder aus dem Frühbeet ernten.

*Sind Obst und Gemüse gut versorgt, dürfen Sie sich auch mal eine erholsame Pause an Ihrem Lieblingssitzplatz gönnen.*

# Das A und O der Pflege: Gießen, Düngen, Mulchen

Die Jungpflanzen sind gut auf dem Beet angewachsen. Frisch gesetzte Obstgehölze zeigen die ersten neuen Austriebe. Damit alles weiter gut gedeiht, ist regelmäßige und richtige Pflege notwendig.

**Gießen und Düngen**, das sind die beiden wichtigsten Pflegemaßnahmen für einen »Küchengärtner«.

## Goldene Gießregeln

So geht Ihnen die tägliche Bewässerung leicht und wassersparend von der Hand.

- Gießen Sie am besten noch in den kühleren Morgen- oder schon wieder kühleren Nachmittagsstunden und nicht bei großer Hitze, weil sonst eine Menge Wasser nutzlos verdunstet. Spätabends zu gießen hat den Nachteil, dass Boden und Pflanzen über Nacht feucht bleiben, was vermehrt Schnecken anlockt und Pilzerkrankungen fördert.
- Wässern Sie lieber einmal gründlich und durchdringend als öfter nur schwach. Auf diese Weise gelangt auch in die tiefer gelegenen Bodenschichten ausreichend Feuchtigkeit.
- Gießen Sie gezielt mit der Gießkanne ohne Tülle in den Wurzelbereich der Pflanzen auf den Boden, anstatt großflächig mit der Brause. Feuchte Blätter bieten einen guten Nährboden für Schadpilze.
- Obst und Gemüse in Hängeampeln, Töpfen und Schalen müssen auf alle Fälle jeden Tag gegossen werden, da die Wasserspeicherfähigkeit in Gefäßen nur sehr begrenzt ist. Sammelt sich überschüssiges Wasser im Untersetzer oder Übertopf, dann sollten Sie dieses spätestens nach einer halben Stunde abgießen. Sie verhindern so Staunässe und beugen Wurzelfäulnis vor.
- Ausgetrocknete Pflanzgefäße, bei denen sich das Substrat schon von der Wand löst, sollten Sie sofort in einen mit handwarmem Wasser gefüllten Eimer tauchen, und zwar so lange, bis keine Luftblasen mehr aufsteigen.

*Ein automatischer Bewässerungsschlauch versorgt die Pflanzen zuverlässig mit dem nötigen Nass.*

### Praktische Gießhilfen

Im Fachhandel gibt es verschiedene Bewässerungmethoden, mit deren Hilfe Sie Ihre Pflanzen auch mal einige Tage sich selbst überlassen können.

- Für den Topfgarten gibt es z. B. Bewässerungskugeln, Speichermatten, Gefäße mit Wasserreservoir, wasserspeicherndes Gel oder Bewässerungssysteme mit Tonkegeln.
- Kleingewächshäuser und Beete können mit ausgeklügelten, automatisch gesteuerten Bewässerungssystemen ausgestattet werden. Sie können aber auch mit Wasser gefüllte Flaschen kopfüber direkt neben die Pflanze in den Boden stecken – das ist viel billiger.

### Das ideale Gießwasser

Als Gießwasser am besten geeignet – und darüber hinaus am preisgünstigsten – ist abgestandenes Regenwasser. Es ist »weich« und nicht zu kalt. Wenn Sie keine Regentonne aufstellen können, dann ist abgestandenes Leitungswasser die zweitbeste Möglichkeit. Füllen Sie Ihre Gießkannen nach dem Gebrauch also gleich wieder mit frischem Wasser auf.

*Organische Mehrnährstoffdünger sind aufgrund ihres ausgewogenen Nährstoffverhältnisses universell einsetzbar.*

## Wichtige Düngetipps

- Halten Sie sich an die Dosierungen auf der Packung.
- Wenn Sie öfter und niedriger dosiert düngen, verteilt sich das Nährstoffangebot besser als bei seltenerer und hoch dosierter Düngerverabreichung.
- Streuen Sie mineralischen Dünger nie auf trockenen Boden, das führt leicht zu Wurzelverbrennungen.
- Düngen Sie nur bis Mitte/Ende August, dann können die Pflanzen noch gut ausreifen.

### Welche Dünger gibt es?

Sie können in Ihrem Nutzgarten zu verschiedenen Düngemitteln greifen, um den Nährstoffbedarf von Obst, Gemüse und Salat zu decken.

- **Anorganische** oder **mineralische Dünger** (z. B. Blaukorn) werden chemisch hergestellt und sind hauptsächlich als Mehrnährstoffdünger im Handel. Sie enthalten die wichtigsten Pflanzennährstoffe in einem ausgewogenen Verhältnis. Sie wirken schneller als organische Dünger, werden aber leichter überdosiert und – je nach Bodenart – häufig ausgewaschen.
- **Organische Dünger** (z. B. Hornspäne, Kompost, Guano, pflanzliche Düngejauchen) wirken zwar langsam, dafür aber über einen längeren Zeitraum hinweg.

Für Tomaten, Zucchini, Kürbisse, Paprika, Beerensträucher und Obstbäume gibt es organische kalibetonte Spezialdünger mit Langzeitwirkung, die z. B. Geschmack und Lagerfähigkeit steigern. Lassen Sie sich im Fachhandel beraten.

## Mulchen – Wohltat für Pflanzen und Boden

Wenn Sie Ihren Gartenboden mulchen, d. h. mit angetrocknetem Grasschnitt, Heu, Stroh, Laub, halb verrottetem Kompost oder auch Rindenmulch (nur unter Obstgehölzen) abdecken, dann trocknet er weniger schnell aus, das Unkraut wird im Zaum gehalten, ein reges Bodenleben gefördert.

- Mulchen Sie nur dünn (ca. 2–5 cm), dafür aber öfter.
- Rasenschnittgut erst gut antrocknen lassen, bevor Sie es als Mulch auf die Beete geben.
- Wenn Sie die Erde unter Erdbeeren, Kürbis oder Zucchini mit Stroh oder Holzwolle abdecken, dann bleiben die Früchte auch bei Regengüssen sauber und faulen nicht.

Tipp

### ACKERSCHACHTELHALM GEGEN PILZE

Nehmen Sie 1–1,5 kg frische, grob zerkleinerte Pflanzenteile. Weichen Sie diese ca. 24 Stunden in 10 l kaltem Wasser ein. Danach aufkochen, ca. 15–30 Minuten leicht köcheln lassen, auskühlen und absieben. In einer Verdünnung mit Wasser (1:5) mehrmals auf die Pflanzen gesprüht, beugt die Brühe einem Befall mit Mehltau und anderen Pilzen vor.

› PRAXIS

# Obstbäume und Beerensträucher schneiden

Obstbäume und Beerensträucher bleiben gesünder, tragen länger und liefern mehr und qualitativ bessere Früchte, wenn Sie sie regelmäßig und fachgerecht schneiden.

**Alle** Schnittmaßnahmen – vom regelmäßigen Auslichten alter Äste und Triebe abgesehen – sind eine Sache der Übung. Diese erlangen Sie am besten durch mehrmalige Teilnahme an speziellen Obstgehölzschnittkursen, die von Obst- und Gartenbauvereinen oder auch von Baumschulen angeboten werden.

## Warum und wie schneiden?

Obstgehölze, die nicht geschnitten werden, bilden mit der Zeit dichte und ungeordnete Kronen bzw. Sträucher, in denen sich nur wenige, kleine Früchte entwickeln. Wenn viele Zweige und Blätter vorhanden sind, bekommen die Früchte nicht mehr genug Licht und Sonne. Sie reifen dann nur schlecht aus. Dicht belaubte Baumkronen und auch Sträucher trocknen nach Regen auch nur langsam wieder ab – viele Pilzkrankheiten haben dann leichtes Spiel. Werden überalterte Äste nicht entfernt, d. h. die Sträucher nicht »verjüngt« (→ Abb. 2), dann bilden sich weniger neue Triebe aus. Spätestens alle drei Jahre sollten Sie daher an Bäumen und Sträuchern die ältesten Triebe ausschneiden, damit mehr Licht in das Kronen- bzw. Strauchinnere gelangt.

### Gute Grundlagen schaffen

Nahezu am wichtigsten ist ein fachgerechter Schnitt beim Pflanzen der Obstgehölze. Er schafft die Grundlage für ein gutes Wachstum.

- Schneiden Sie Beerensträucher bei der Pflanzung bis auf 3–5 starke Triebe zurück, die als wüchsiges Grundgerüst für den späteren Strauch fungieren. Kürzen Sie diese Triebe dann noch auf 1/2 bis 1/3 ein, damit sie sich bald auch von unten her gut verzweigen.
- Mit dem Pflanzschnitt von Obstbäumen (→ Abb. 3) legen Sie die Form der zukünftigen Baumkrone fest. Wählen Sie bei jungen Obstbäumen, die meist 5–7 einjährige Triebe tragen, drei starke Triebe aus, die gleichmäßig um den Stamm herum angeordnet sind. Sie bilden das Grundgerüst für die spätere Baumkrone. Schneiden Sie diese Triebe dann auf 1/2 bis 1/3 zurück. Achten Sie darauf, dass die oberste Knospe an jedem Trieb nach außen weist, sonst wächst der Neuzuwachs des Triebes nach innen.

Auch der Mitteltrieb, die Verlängerung des Stammes, wird eingekürzt. Er soll so weit über

1

**Ausnahmefall: Himbeeren**
Schneiden Sie bei Himbeeren nach der Ernte im Sommer die Ruten, die Früchte getragen haben, direkt über dem Boden ab. Lassen Sie von den Jungtrieben nur die kräftigsten stehen – das gibt besseren Fruchtansatz.

die zurückgeschnittenen Seitentriebe hinausreichen, dass eine gedachte Linie von der Baumspitze über die seitlichen Triebe einem flachen Zeltdach mit einem Winkel von 90–120° entspricht (→ Abb. 3).

### In Form halten

Halten Sie das Kronengerüst, das Sie beim Pflanzschnitt angelegt haben, durch jährliche Schnittmaßnahmen, dem so genannten Erziehungsschnitt (→ Abb. 4), gut in Form: Entfernen Sie alle Triebe, die nach innen oder steil nach oben wachsen und alle Triebe, die direkt unter dem Spitzentrieb wachsen (Konkurrenztriebe). Achten Sie darauf, dass der Mitteltrieb möglichst zentral und gerade wächst, damit der Baum nicht schief und ungleichmäßig wird.

### Nicht »bluten« lassen

Starkwüchsige Bäume sollten Sie alle 1–2 Jahre auslichten. Dazu bietet sich der Sommer (Juli/August) an. Jetzt treiben die Bäume nach dem Schnitt längst nicht mehr so stark aus, wie das bei einem Frühjahrsschnitt der Fall wäre. Zudem ist jetzt auch der Saftdruck viel geringer. Vor allem Kirschbäume verlieren bei einem Schnitt im Frühjahr besonders viel Saft (»bluten«) – und das kann sie schwächen und krankheitsanfälliger machen.

### Beerensträucher nach der Ernte schneiden

Bei Beerensträuchern schneiden Sie am besten gleich nach der Ernte die abgetragenen Triebe ab (→ Abb. 1). Schneiden Sie Ihre Beerensträucher regelmäßig jedes Jahr.

2

**hannisbeeren »verjüngen«**
chneiden Sie bei Roten/Weißen hannisbeeren im Februar/März der kurz nach der Ernte alle aupttriebe, die älter als vier Jah- sind, dicht über dem Boden ). Alte Triebe erkennen Sie an er graubraunen Färbung.

3

**Pflanzschnitt bei Obstbäumen**
Um ein gleichmäßig gewachsenes Kronengerüst zu erzielen, entfernen Sie gleich beim Pflanzen alle Seitentriebe bis auf drei. Diese sollten kräftig sein und in einem Winkel von mindestens 45° vom Mitteltrieb abstehen.

4

**Obstbäume »erziehen«**
Entfernen Sie Konkurrenztriebe und alle Triebe, die senkrecht nach oben wachsen. Kürzen Sie alle restlichen Triebe um ein Drittel des Neuzuwachses ein. Die oberste Knospe des Mitteltriebes sollte nach außen zeigen.

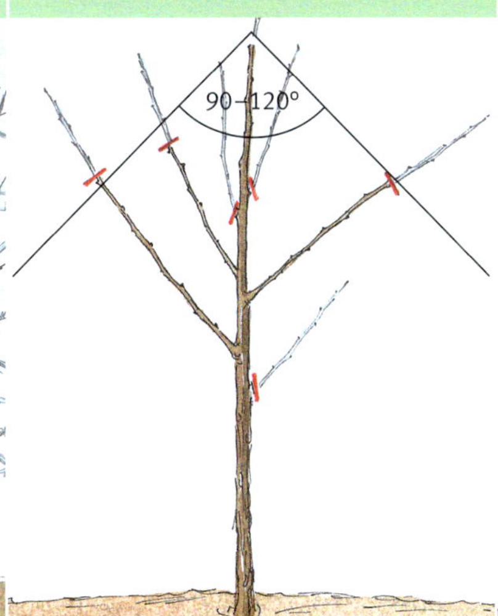


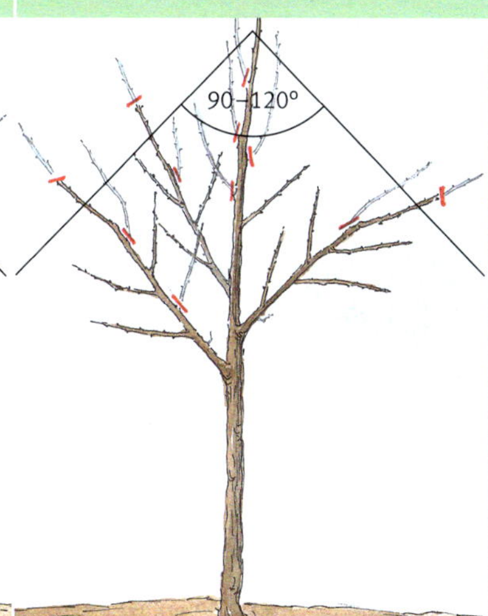

› PRAXIS

# Wintertipps für Obst und Gemüse

Die Beete sind fast abgeräumt, das Obst geerntet. Nun ist der Winterschutz für Bäume und Sträucher angesagt. Und auch das eine oder andere Gemüse sowie Salat können noch frisch geerntet werden.

**Um die** meisten Obstbäume und Beerensträucher müssen Sie sich im Winter keine Sorgen machen – vor allem, wenn Sie regionale Sorten gepflanzt haben. Einen Schutz brauchen aber Arten, die sehr Wärme liebend sind oder Pflanzen auf Balkon und Terrasse.

## Ernten im Winter?

Feldsalat (→ Abb. 1) oder Löffelkraut, aber auch Rukola und Endivie können Sie noch bis November oder sogar darüber hinaus frisch vom Beet ernten. Eine leichte Schneedecke isoliert diese Salate sogar hervorragend gegen tiefe Temperaturen. Decken Sie die Beete mit Reisig oder Vlies ab oder bauen Sie einen Folientunnel auf, dann kommen Sie auch bei Schnee noch relativ gut an die Pflanzen heran.
Wärme liebendes Gemüse wie Artischocken (→ Abb. 2) kann mit einer dicken Laub- oder Strohpackung und zusätzlicher Reisigabdeckung auf dem Beet bleiben.
Bei Kohlgemüse gibt es ganz spezielle Wintersorten, die zur Ausbildung ihres Aromas sogar einige Minusgrade benötigen. Ein traditionelles Wintergemüse vor allem der norddeutschen Region ist der Grünkohl, den Sie bis in den Februar hinein ernten können. Setzen Sie die Pflanzen auf ein halbschattiges Beet. Das hat den Vorteil, dass der Kohl im Winter nicht der Sonneneinstrahlung am Tag und den frostkalten Nächten ausgesetzt ist. Auch Rosenkohl kann auf den Beeten stehen bleiben und liefert – wenn nicht allzu viel Schnee liegt – noch bis Weihnachten knackig frische Röschen. Ernten Sie – wenn möglich – nicht direkt bei starkem Frost: Tiefgefrorener Kohl braucht oft lange zum Auftauen. Auch die Wintersorten von Porree sind sehr kälteresistent. Häufeln Sie die Stangen so hoch wie möglich mit Erde an und decken Sie Vlies oder Reisig über die Pflanzung.

Praxisinfo

### WINTEREINSATZ FÜR DAS FRÜHBEET

Wenn Sie ein Frühbeet haben, können Sie dieses im Winter als »Einschlag« für Lauch oder Endiviensalat verwenden.

- Heben Sie die Pflanzen mit ihren Wurzeln aus dem Beet und stellen Sie sie dicht an dicht ins Frühbeet ein.
- Füllen Sie nun rundherum bis etwa zur Hälfte mit Erde und Laub auf und schließen Sie den Deckel.
- Vor ganz strengen Frösten schützen Noppenfolie oder Jutesäcke, die Sie über das Frühbeet legen und an den Rändern beschweren, damit sie bei Wind nicht davonfliegen.

## Obstgehölze schützen

Obstgehölze brauchen weniger Schutz vor eisiger Kälte als vor praller Sonne, Wärme liebende Arten wie Kiwi und Weinrebe ausgenommen.

### Vorsicht, Wintersonne!

Obstbäume, die im Winter in der vollen Sonne stehen, drohen Schäden, wenn sich tagsüber die dunkle Oberfläche des Stammes an der sonnenzugewandten Seite aufheizt und

dann nachts wieder stark abkühlt. Durch den ständigen Wechsel von Frost und Sonneneinstrahlung entstehen große Spannungen in der Rinde und im Holz. Es bilden sich Risse und Schrunden, in denen sich Krankheitskeime, Pilzsporen und Schädlinge einnisten können. Ein heller Stammanstrich (→ Abb. 3) reflektiert die intensive Sonneneinstrahlung und verhindert das starke Aufheizen und damit die Frostrisse in den Stämmen.
Spalierbäumchen – vor allem wenn sie an einer Südwand stehen – erwärmen sich an sonnigen Spätwintertagen so sehr, dass die Pflanzen oftmals zum frühzeitigen Austreiben angeregt werden. Sinken die Temperaturen dann nachts oder an den folgenden Tagen wieder deutlich ab, erfriert der neue Austrieb und auch ein- oder zweijährige Zweige bekommen häufig einen Frostschaden ab. Decken Sie daher die Gehölze mit entsprechendem Material ab (→ Abb. 4).

## Winterschutz auf Balkon und Terrasse

Obstbäume oder Beerensträucher in Pflanzgefäßen sollten Sie zunächst so nahe wie möglich an die Hauswand stellen. Umwickeln Sie die Gefäße dann mit Jute, Strohmatten oder Noppenfolie und stellen Sie sie zusätzlich noch auf ein Brett oder eine Styroporplatte – das schützt den Wurzelballen vor strengem Frost. Achten Sie auch darauf, dass der Wurzelballen nicht austrocknet!

1

**Feldsalat – frisch vom Beet**
Die Wintersorten von Feldsalat sind frostunempfindich. Damit Sie den Salat auch bei Schnee pflücken können, sollten Sie die Pflanzung rechtzeitig mit Reisig oder Vlies abdecken.

2

**Gut verpackt**
Artischocken sind Wärme liebende Gewächse. Wenn Sie sie im Winter auf dem Beet stehen lassen, dann häufeln Sie die Pflanzen mit Erde an und decken sie mit Laub oder Stroh und Reisig ab.

3

**Achtung, Frostrisse!**
Streichen Sie Ihre Obstbaumstämme im Spätherbst mit Kalkbrühe oder einem speziellen Stammanstrich aus dem Fachhandel ein. Das verhindert Frostrisse.

4

**Schutz vor Wintersonne**
Decken Sie Spalierobst an warmen Hauswänden mit Stroh- oder Bastmatten oder Jute ab. Befestigen Sie die Abdeckung, damit sie bei Wind nicht davonfliegt.

› PRAXIS

# So bleiben Obst und Gemüse gesund

Zarter Salat und süße Zwetschgen schmecken nicht nur Ihnen, sondern auch Schnecken und Raupen. Schützen Sie sich daher rechtzeitig vor diesen und anderen »Mitessern«.

**Greifen Sie nicht** gleich zur chemischen Keule, um Schädlinge und Krankheiten an Obst und Gemüse zu bekämpfen! Oftmals helfen schon geeignete vorbeugende Maßnahmen und mechanische oder biologische Bekämpfungsmittel.

## So schützen Sie Ihre Pflanzen

Pflanzenschutz beginnt schon bei der Pflanzenauswahl und dem Anbau.

### Vorbeugen ist besser als Heilen

- Kaufen Sie nur Pflanzen, die gesund und kräftig sind. Achten Sie auf resistente und widerstandsfähige Sorten.
- Schaffen Sie die passenden Standortbedingungen.
- Sorgen Sie beim Obst durch fachgerechte Schnittmaßnahmen für lockere, gut durchlüftete Kronen und Sträucher.
- Pflanzen Sie nach dem Prinzip der Mischkultur an (→ Seite 20), bei der sich die Pflanzen gegenseitig schützen. Setzen Sie Gemüse- und Salatpflanzen nicht zu dicht.
- Sorgen Sie für eine ausgewogene Pflanzenernährung. Ein »Zuviel« erhöht (vor allem beim Stickstoff) meist die Anfälligkeit der Pflanzen gegenüber Schädlingen und Krankheiten, da das Pflanzengewebe weich und schlapp wird. Düngen Sie nur bis Mitte August. Später ausgebrachter Dünger führt zu weichen, anfälligen Pflanzen bzw. weniger frostharten Trieben und Zweigen.
- Haben Sie immer ein Auge auf Ihre Pflanzen, um einen möglichen Befall mit Schädlingen oder Krankheiten frühzeitig zu entdecken.

### Brühen, Jauchen, Tees

Brühen, Jauchen oder Tees, die Sie aus verschiedenen Kräutern wie Ackerschachtelhalm (→ Seite 73), Brennnesseln (→ Abb. 1), Rainfarn oder Wermut

1

**Brennnessel im Einsatz**
Brennnesseljauche mit Wasser verdünnt (1:20) und auf die Pflanzen gespritzt, ist ein probates Mittel gegen Blattläuse und andere Schädlinge. Wenn es zu sehr stinkt, mischen Sie 50 g Gesteinsmehl unter.

2

**Großes Netz für kleine Flieger**
Feinmaschige Kulturschutznetze halten verschiedene Arten von Gemüsefliegen ab. Sie sollten sie am besten gleich bei der Aussaat oder Pflanzung locker über die Beete breiten und an den Seiten befestigen.

selbst herstellen können, können stärkend, vorbeugend oder bekämpfend wirken (→ Seite 80–83).

- Für eine **Brühe** brauchen Sie ca. 1 kg frisches Kraut. Zerkleinern Sie die Pflanzen und weichen Sie sie einen Tag in 10 l kaltem Wasser ein. Kochen Sie das Ganze dann auf und lassen es ca. 1/2 Stunde lang köcheln. Abkühlen lassen und durchsieben. Die Brühe je nach Anwendung verdünnt spritzen.
- Für eine **Jauche** werden ca. 1 kg zerkleinerte Kräuter mit 10 l Wasser angesetzt und dann 10–20 Tage zugedeckt stehen gelassen, bis die Mischung vergoren ist. Die Jauche je nach Anwendung verdünnen.
- Für einen **Tee** überbrühen Sie die gewünschte Menge zerkleinerte, frische oder getrocknete Pflanzenteile kurz mit gerade nicht mehr kochendem Wasser, lassen 3–8 Minuten ziehen und gießen ab. Spritzen oder gießen Sie den erkalteten Tee in Verdünnungen von 1:5 bis 1:10.

### Netze, Zäune & Co.

- Schutznetze (→ Abb. 2) in verschiedenen Stärken bilden eine wirkungsvolle Barriere für Gemüsefliegen, deren Larven an Bohnen, Kohl, Möhren, Porree oder Radieschen fressen. Auch anfliegende Blattläuse und Kohlweißlinge haben hier das Nachsehen.
- Gegen Schnecken gibt es viele Rezepte (→ Seite 95): vom einfachen Absammeln an ausgelegten Ködern über Bierfallen und Schneckenzäune bis hin zum Schneckenkorn aus dem Fachhandel (→ Abb. 3). Umweltverträgliche Produkte, die als Wirkstoff Eisen-III-Phosphat enthalten, sind sogar im Öko-Anbau zugelassen.
- An Leimringen (→ Abb. 4) und Leimfallen bleiben z. B. Frostspanner und Apfelwickler kleben, deren Larven Ihnen ansonsten als »Wurm im Obst« den Appetit verderben.
- Pheromonfallen (→ Abb. 5) arbeiten mit Sexuallockstoffen und fangen damit die Männchen verschiedener Schadfalter ein, so dass sie für eine weitere Vermehrung nicht mehr zur Verfügung stehen.
- Kunststoffmanschetten schützen junge Obstbaumstämme vor den Zähnen von Hasen, Kaninchen oder Rehen.

3

**Unerwünschte Mitesser**
Das Ausstreuen von Schneckenkorn ist nach wie vor eine wirkungsvolle Maßnahme gegen Schnecken. Umweltfreundliche Produkte reduzieren die gefräßigen Schnecken und gefährden die Nützlinge nicht.

4

**Auf den Leim gegangen**
An Leimringen bleiben die flügellosen Weibchen des Frostspanners kleben, wenn sie vom Boden aus den Stamm hinaufklettern. Allerdings auch viele Nützlinge, daher wirklich nur bei starkem Befall einsetzen.

5

**In die Falle gelockt**
Die mit Leim beschichteten und einem Duftstoff versehenen Pheromonfallen locken männliche Falter von Apfel-, Apfelschalen- und Pflaumenwickler an. Sie bleiben kleben und können nicht mehr für Nachwuchs sorgen.

# Diagnosetafel: Schädlinge an Gemüse

### BLATTLÄUSE

**Schadbild:** junge Triebe oft verkrümmt und kümmernd; klebriger Belag (Honigtau)
**Vorbeugen:** Nützlinge fördern (Marienkäfer, Florfliege); mit Brennnesseljauche (→ Seite 78) düngen
**Bekämpfen:** abstreifen oder mit kaltem Wasserstrahl abspritzen; Pflanzen mit Gesteinsmehl bestäuben; unverdünnte Rainfarnbrühe (→ Seite 79) spritzen

### KOHLWEISSLING

**Schadbild:** Fraßspuren (bis Kahlfraß) an Kohlblättern, Rettich und Kapuzinerkresse
**Vorbeugen:** Nützlinge wie Vögel und Schlupfwespen fördern; Kapuzinerkresse als »Fangpflanze« anbauen; Mischkultur mit Tomaten und Sellerie; Kulturschutznetze auflegen; im Juli unverdünnte Rainfarnbrühe (→ Seite 79) spritzen
**Bekämpfen:** Raupen absammeln

### LAUCHMOTTE

**Schadbild:** von Juni bis zum Herbst Fraßspuren und Lochfraß an den Blättern von Lauch, Schnittlauch und Zwiebeln
**Vorbeugen:** am besten im April/Mai und Juli/August pflanzen; nicht zu dicht pflanzen; Mischkultur mit Karotten und Sellerie; mit Kulturschutznetz abdecken (→ Seite 78)
**Bekämpfen:** Raupen (ca. 1,3 cm lang) absammeln

### WEISSE FLIEGE

**Schadbild:** Saugschäden an Blättern von Tomaten und Gurken; zunächst klebriger, dann schwarzer Belag (Rußtaupilze) auf den Blättern
**Vorbeugen:** Boden durch Gießen und Mulchen feucht halten; Frühbeet und Kleingewächshaus gut lüften
**Bekämpfen:** Kulturschutznetze auflegen; unverdünnte Rainfarnbrühe (→ Seite 79) spritzen; im Gewächshaus Gelbtafeln aufhängen

### SCHNECKEN

**Schadbild:** Schabe-, Loch- und Totalfraß an der ganzen Pflanze; Schleimspuren
**Vorbeugen:** Nützlinge (Igel, Kröten) fördern: morgens gießen; Boden nur flach bearbeiten; mit Schilfhäcksel mulchen; Schneckenzaun anlegen; im Herbst Eier absammeln
**Bekämpfen:** Nützlingsschonendes Schneckenkorn zwischen die Pflanzen streuen

### WÜHLMÄUSE

**Schadbild:** Wurzeln werden gänzlich abgefressen, woraufhin die Pflanzen plötzlich welken und umfallen
**Vorbeugen:** stark riechende Pflanzenteile wie Knoblauch oder im Handel erhältliche »Vergrämungsmittel« in die Gänge legen
**Bekämpfen:** ständig stören, z. B. durch Geräusche; Gänge aufgraben und zerstören; Wühlmausfallen an den Gangenden aufstellen

# Diagnosetafel: Krankheiten an Gemüse

### ECHTER MEHLTAU

**Schadbild:** zuerst weißgraue Punkte, dann weißlich-mehliger, abwischbarer Belag blattoberseits
**Vorbeugen:** Pflanzen beim Gießen nicht benetzen; morgens gießen; Standort nicht zu trocken; nicht zu dicht pflanzen; ausgewogen düngen; resistente Sorten pflanzen
**Bekämpfen:** stark befallene Pflanzen entfernen; unverdünnte Schachtelhalmbrühe (→ Seite 79) spritzen

### FALSCHER MEHLTAU

**Schadbild:** graubrauner Belag auf den Blattunterseiten (Bohne, Erbse), der sich nicht abwischen lässt; Pflanzen sterben nach kurzer Zeit ab
**Vorbeugen:** Pflanzenteile möglichst trocken halten; morgens gießen; nicht zu dicht pflanzen; resistente Sorten wählen
**Bekämpfen:** stark befallene Pflanzen entfernen; unverdünnte Schachtelhalmbrühe (→ Seite 79) spritzen

### KOHLHERNIE

**Schadbild:** knollige, krebsartige Wucherungen an den Wurzeln von Kohl, Radieschen und Rettich; Pflanzen kümmern; Blätter verfärben sich und welken, Pflanzen sterben ab
**Vorbeugen:** pH 7 ist optimal; nicht mit Stallmist düngen; Mischkulturanbau; beim Pflanzen etwas Algenkalk ins Pflanzloch geben
**Bekämpfen:** befallene Pflanzen sofort vernichten

### KRAUTFÄULE

**Schadbild:** braune oder schwarze Flecken auf den Früchten von Tomaten, dann auch auf Laub und Trieben
**Vorbeugen:** locker pflanzen; Pflanzen beim Gießen nicht benetzen; viel Abstand zu Kartoffeln einhalten
**Bekämpfen:** befallene Pflanzenteile entfernen; wöchentlich mit Knoblauchtee (70 g zerkleinerte Zehen mit 1 l heißem Wasser übergießen, 5 Stunden ziehen lassen) spritzen

### PORREEROST

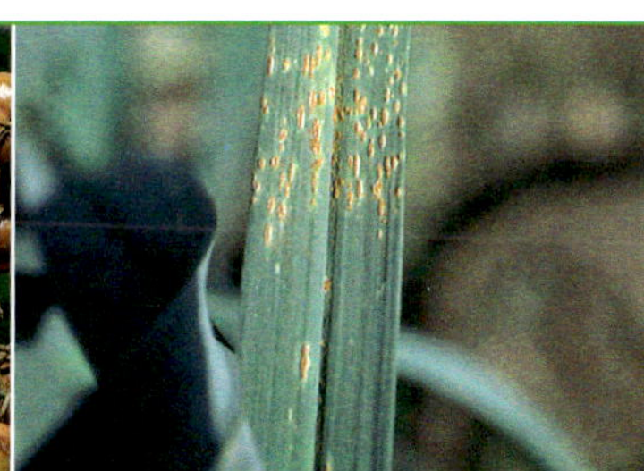

**Schadbild:** viele kleine orangefarbene Flecken auf den Stängeln; die Pflanzen verfärben sich hellgrün, sterben aber nicht ab, im Herbst entwickeln sich wieder gesunde Blätter; Pilz überwintert auf den Pflanzen
**Vorbeugen:** nicht zu dicht pflanzen; ausgewogen düngen; vor Neupflanzung im Frühjahr befallene Pflanzen entfernen
**Bekämpfen:** nicht möglich

### UMFALLKRANKHEIT

**Schadbild:** Sämlinge bekommen rötliche, später dunkel eingeschnürte Stellen am Stängelgrund, die rasch fadenförmig eintrocknen; Pflanzen fallen um und sterben ab
**Vorbeugen:** nicht zu dicht säen oder setzen; frühzeitig pikieren; Fruchtwechsel einhalten; Frühbeet regelmäßig lüften; mit Ackerschachtelhalmbrühe (→ Seite 79) spritzen
**Bekämpfen:** nicht möglich

# Diagnosetafel: Schädlinge an Obst

## APFELWICKLER

**Schadbild:** »Wurm« im Apfel, madige Früchte
**Vorbeugen:** Nützlinge wie Vögel und Fledermäuse fördern; wenig anfällige Sorten pflanzen; Fallobst immer aufsammeln und entsorgen
**Bekämpfen:** von Ende Juni bis nach der Ernte Wellkartonfanggürtel ca. 20 cm über dem Boden am Stamm anbringen und wöchentlich gefangene Raupen absammeln

## FROSTSPANNER

**Schadbild:** von März bis Mai Fraßschäden an Knospen, Trieben, Blättern und Früchten von Apfel/Birne
**Vorbeugen:** im September/Oktober Pheromonfallen (→ Seite 79) in ca. 1 m Höhe am Stamm anbringen, spätestens im Dezember wieder abnehmen und verbrennen; Nistkästen zum Anlocken von Meisen anbringen
**Bekämpfen:** Bazillus-thuringiensis-Präparat einsetzen

## HIMBEERKÄFER

**Schadbild:** im Juni Fraßschäden an Blüten, Knospen, Blättern und unreifen Früchten (Käfer); später an den reifen Früchten (Larve)
**Vorbeugen:** Nützlinge fördern (Vögel, Igel, Schlupfwespen), Vergissmeinnicht zwischen Him- und Brombeeren aussäen, im Herbst und Frühjahr Rainfarntee unter die Sträuchern gießen; mulchen
**Bekämpfen:** Käfer absammeln

## JOHANNISBEERBLASENLAUS

**Schadbild:** auffällige, rote bis dunkelviolette Blasen an den Blättern von Roter Johannisbeere, (gelbliche Blasen bei der Schwarzen Johannisbeere), klebriger Belag (Honigtau)
**Vorbeugen:** Nützlinge (Vögel, Marienkäfer, Florfliegen) fördern; auf ausgewogene Düngung achten
**Bekämpfen:** nicht notwendig, Schadbild sieht zwar »dramatisch« aus, schädigt die Sträucher jedoch kaum

## KIRSCHFRUCHTFLIEGE

**Schadbild:** »verwurmte«, unbrauchbare Früchte
**Vorbeugen:** vorzeitig herabfallende Früchte und Fallobst entfernen; durch Schnittmaßnahmen für lockere und lichte Kronen sorgen; Frühsorten pflanzen
**Bekämpfen:** von Anfang Mai bis Ende Juni gelbe Leimtafeln in die Südseite der Bäume hängen (etwa 4–6 Stück pro Baum)

## STACHELBEERBLATTWESPE

**Schadbild:** Loch- und Kahlfraß an den Blättern, vor allem junger Sträucher; z. T. Kahlfraß ganzer Sträucher
**Vorbeugen:** Nützlinge fördern (Vögel, Schlupfwespen, Raubkäfer); Raupen absammeln oder mit scharfem Wasserstrahl bespritzen; Rainfarnbrühe spritzen, Brennnesseljauche gießen (→ Seite 79)
**Bekämpfen:** im Mai/Juni mit einer Schmierseifenlösung spritzen

# Diagnosetafel: Krankheiten an Obst

### APFELSCHORF

**Schadbild:** bereits ab dem Frühjahr runde, olivgrüne, später schwärzliche Flecken auf den Blättern, bei starkem Befall auch auf den Trieben und Früchten; Blätter sterben ab
**Vorbeugen:** Bäume nicht zu dicht pflanzen; durch Schnittmaßnahmen für lockere und lichte Kronen sorgen; resistente Sorten verwenden
**Bekämpfen:** Falllaub beseitigen (nicht kompostieren!)

### BIRNENGITTERROST

**Schadbild:** orangegelbe Flecken auf den Blattoberseiten; nur bei sehr starkem Befall wird der Baum geschwächt
**Vorbeugen:** keine Zierwacholder-Arten in die Nähe pflanzen bzw. aus dem Garten entfernen, weil der Pilz dort überwintert (Ausnahme: heimischer Heidewacholder)
**Bekämpfen:** Falllaub entfernen und vernichten (nicht kompostieren!)

### GRAUSCHIMMEL

**Schadbild:** flächiger, grauer Schimmelbelag auf Blättern und Früchten; Früchte verfaulen
**Vorbeugen:** nicht zu dicht pflanzen; nicht zu viel Stickstoff düngen; gute Bodenstruktur schaffen (mulchen); Mischkultur mit Knoblauch; resistente Sorten pflanzen
**Bekämpfen:** befallene Pflanzenteile ganz entfernen; Werkzeug mit kochendem Wasser desinfizieren

### JOHANNISBEERSÄULENROST

**Schadbild:** im Juli rötlich-gelbe Pusteln auf der Blattunterseite der Schwarzen Johannisbeere; stark befallene Blätter fallen ab
**Vorbeugen:** keine Weymouths-Kiefern in die Nähe pflanzen (Zwischenwirt des Pilzes); Wermut zwischen die Beerensträucher setzen; Sträucher regelmäßig auslichten
**Bekämpfen:** befallene Blätter sofort entfernen und vernichten

### MONILIA-FRUCHTFÄULE

**Schadbild:** Blüten und Früchte bei Kern- und Steinobst vertrocknen und verschrumpeln (oft erst beim Lagern)
**Vorbeugen:** Verletzung der Früchte vermeiden; vertrocknete Früchte aus den Baumkronen entfernen; kein beschädigtes Obst einlagern; Meerrettich auf Baumscheiben pflanzen
**Bekämpfen:** befallene Pflanzenteile entfernen und vernichten (keinesfalls kompostieren!)

### NARRENTASCHEN

**Schadbild:** übermäßiges, anormales Wachstum junger Zwetschgenfrüchte; Früchte verformen sich, färben nicht aus und vertrocknen später
**Vorbeugen:** durch Schnittmaßnahmen für lockere und lichte Kronen sorgen; widerstandsfähige Sorten verwenden (Frühzwetschgen werden kaum befallen)
**Bekämpfen:** befallene Früchte einsammeln und vernichten

› FRAGE & ANTWORT

# Expertentipps rund um die Pflege

Das notwendige Pflegeprogramm für Obst, Salat und Gemüse beherrschen Sie sicherlich – dennoch ist manchmal guter Rat gefragt, wenn die Obst- und Gemüsepflanzen Mangelerscheinungen zeigen, nicht richtig wachsen wollen, keine Früchte ansetzen oder die Früchte aufplatzen.

? **Ich mulche bereits regelmäßig im Gemüsegarten. Jetzt habe ich gehört, dass durch den Mulch Schnecken angezogen werden können. Stimmt das?**

Eine dickere Mulchschicht bietet tatsächlich gute Unterschlupf- und Versteckmöglichkeiten für Schnecken. Eine dünne Mulchschicht (etwa 1 cm hoch), die dafür öfter erneuert wird, stellt jedoch keinen Anziehungspunkt dar. Wenn Sie mit möglichst rauem, scharfkantigem Material mulchen, z. B. Schilfhäcksel, kann dies sogar zur Abwehr der schleimigen Schädlinge beitragen. Ähnliches gilt beim Mulchen übrigens auch hinsichtlich von Wühlmäusen: Dünn gemulcht ist besser, um auch diesen Tieren keine zusätzlichen Unterschlupfmöglichkeiten zu bieten.

? **In manchen Jahren platzen bei mir im Garten Pflaumen, Kirschen und Stachelbeeren, aber auch Tomaten, Möhren und Kohlrabi. Woran liegt das? Was mache ich falsch?**

Aufgeplatzte Früchte oder aufgesprungenes Gemüse sind oft eine Folge davon, dass die Pflanzen irgendeine Art von Unregelmäßigkeit in ihrem Wachstum erfahren haben. Das kann eine unausgewogene Düngung, aber auch ein Wechsel von länger anhaltendem Regenwetter und Hitzeperioden sein. Die Pflanzenzellen im Innern der Frucht wachsen plötzlich heftig. Die Schale oder Fruchthaut hingegen kann sich nicht so schnell ausdehnen und reißt. Oft werden aufgeplatzte Früchte anschließend auch noch von Schimmelpilzen besiedelt und das Erntegut dadurch völlig unbrauchbar. Um das zu verhindern, sollten Sie Ihre Pflanzen ausgewogen düngen, vor allem nicht zu stark mit Stickstoff versorgen und spätestens ab dem Zeitpunkt des Fruchtansatzes vor allem bei hochsommerlicher Hitze und Trockenheit für eine regelmäßige Bewässerung sorgen.

? **Ich habe mehrere ältere Johannisbeersträucher aus unserem alten Garten ins neue Grundstück mitgebracht und dort wieder eingesetzt. Wie muss ich diese Pflanzen jetzt schneiden und pflegen?**

Wenn ältere Gehölze verpflanzt werden, ist davon auszugehen, dass sie dabei einen Teil ihrer Wurzelmasse verlieren. Um den verbliebenen Wurzeln die Versorgung der anderen Pflanzenteile – Äste, Zweige, Blätter – möglichst leicht zu machen, sollten Sie die Pflanze etwa zur Hälfte zurückschneiden. Entfernen Sie mehr als daumenstarke, alte und absterbende Äste ganz. Gießen Sie die Pflanze so lange durchdringend und regelmäßig, bis der Austrieb neuer Blätter und Zweige signalisiert, dass der Johannisbeerstrauch gut angewachsen ist.

? **In unserem Gemüsegarten leiden immer wieder verschiedene Pflanzen unter Pilzbefall:**

**Gurken und Zucchini haben Mehltau, Schnittlauch und Bohnen sind voller Rostpilzflecken, die Erdbeeren sind häufig von Schimmelpilzen befallen. Was kann ich gegen die »Pilzinvasion« unternehmen?**

Pilzkrankheiten sind stark witterungsabhängig, was dazu führt, dass sie sich nicht immer ganz vermeiden lassen, andererseits der Befall von Jahr zu Jahr auch recht unterschiedlich ausfallen kann. Wenn die Symptome, z. B. braune Rostpusteln oder grauweißer Belag auf Blättern und Trieben jedoch erst einmal deutlich sichtbar sind, ist es für eine Bekämpfung meistens schon zu spät. Dann bleibt Ihnen oft nichts anderes mehr übrig, als alle befallenen Pflanzenteile kräftig zurückzuschneiden und zu entsorgen (nicht kompostieren).

- Säen und pflanzen Sie auf jeden Fall Gemüse und Salat auf den Beeten nicht zu dicht.
- Pikieren Sie Saaten rechtzeitig.
- Gießen Sie nicht von oben auf die Blätter.
- Sorgen Sie bei Obstgehölzen für ein lockeres Kronengerüst.
- Wählen Sie keine lange beschatteten Standorte.
- Vermeiden Sie eine Überdüngung, v.a. mit Stickstoff.
- Zur Stärkung können Sie bei gefährdeten Kulturen ca. alle 4 Wochen Knoblauchjauche auf den Boden unter die Pflanzen gießen oder im Erdbeerbeet gleich Knoblauch zwischen die Erdbeeren pflanzen.
- Auch Spritzungen der Pflanzen mit Ackerschachtelhalmbrühe (Verdünnung 1:5) alle 2–3 Wochen wirken vorbeugend gegen Pilzinfektionen.

Beachten Sie jedoch, dass die Pflanzenbrühe bei Regen von den Blättern abgewaschen wird und daher öfter ausgebracht werden muss, wenn es in der Zwischenzeit häufig regnet. Bei akutem Befall spritzen Sie 3 Tage hintereinander mit Schachtelhalm, um zu retten, was noch zu retten ist.

? **Ich habe eine zweimal tragende Himbeersorte gepflanzt. Wann und wie muss ich sie schneiden?**

Zweimal tragende Himbeersorten tragen im Herbst am oberen Teil der einjährigen Triebe das erste Mal Früchte. Wenn diese geerntet sind, schneiden Sie eben diesen abgeernteten Teil der Triebe ab. Im folgenden Sommer tragen dieselben Himbeerruten ein zweites Mal, und zwar im unteren, verbliebenen Teil. Bei der Ernte schneiden Sie nun auch diese restlichen Triebe bodeneben ab.
Der Schnitt der abgeernteten Ruten ist deshalb so wichtig, da viele Krankheiten von den alten, abgeernteten Trieben auf die neuen Jungtriebe übertragen werden.

? **Ich habe Lauch selbst ausgesät, pikiert und ins Beet gepflanzt. Die Stangen wachsen gut, werden aber eher lang anstatt dicker. Woran liegt das?**

Damit Lauch auch richtig schöne, dicke und weiße Stangen ausbildet, braucht er eine etwas speziellere Behandlung. Entscheidende Kriterien sind Pflanzweite und Pflanztiefe: Setzen Sie junge Lauchpflanzen auf keinen Fall zu dicht. Ein Abstand von Pflanze zu Pflanze von 15 cm hat sich bewährt. Die einzelnen Pflanzreihen sollten 30–40 cm weit auseinander liegen.
Damit die Stangen schön weiß werden, sollten Sie schon beim beim Pflanzen eine ca. 15 cm tiefe Furche ziehen, in die Sie die Jungpflanzen hineinsetzen und die Erde von beiden Seiten gleich leicht anhäufeln. Häufeln Sie im Laufe der nächsten Wochen immer wieder an, so dass ein kleiner Erdwall um die Stängelbasis der Pflanzen herum entsteht, an den keine Sonne gelangt. Dieser kleine Aufwand bei der Pflege wird garantiert mit leckeren, weißen Lauchstangen belohnt.

? **An meinen Tomatenpflanzen, die unter Folienhauben bisher gut gediehen sind und auch zahlreiche Blüten angesetzt haben, bilden sich leider keine Früchte aus. Was kann der Grund dafür sein?**

Folienhauben sind eine gute Lösung, weil sie wachstumshemmende Temperaturschwankungen optimal ausgleichen. Allerdings werden durch die Abdeckung auch die Insekten weitgehend fern gehalten, die die Tomatenblüten zur Bestäubung brauchen. Ist das der Fall, können – wie wahrscheinlich an Ihren Pflanzen – leider keine Früchte gebildet werden. Nehmen Sie also die Hauben bei schönem und trockenem Wetter ab, sobald die Tomatenpflanzen blühen.
Ende August können die Folienhauben nochmals zum Einsatz kommen: Sie sorgen dann für gleichmäßige Wärme und damit eine gute Ausreife und Ausfärbung der Früchte.

# Die schönste Gartenarbeit: Ernten

**Einfach in den Garten gehen, die ersten Radieschen aus dem Boden ziehen, zarten Kopfsalat schneiden, einen Korb voll ausgereifter Tomaten pflücken oder süße Himbeeren direkt vom Strauch herunter naschen – für die meisten ist das die schönste Arbeit im Garten.**

**Sie können** vom Frühjahr bis zum Spätherbst Obst, Gemüse und Salat aus dem Garten ernten. Üppige Ausbeuten an Obst und Gemüse müssen Sie nicht gleich verzehren – es gibt die verschiedensten Möglichkeiten, das Erntegut haltbar zu machen.

## Alles hat seine Zeit!

Wenn Sie Obst und Gemüse gerne vollaromatisch und auch mit einer entsprechend guten Haltbarkeit ernten wollen, sollten Sie genau zur »richtigen Zeit« ernten (→ Seite 88/89). Vom richtigen Erntezeitpunkt werden Geschmack, Gehalt an Inhaltsstoffen (z. B. Vitamine, Fruchtzucker), Lagerfähigkeit und schließlich auch der mögliche Anteil an schädlichen Stoffen, wie Nitrat, beeinflusst. Salat sollte möglichst sofort nach dem Ernten auf den Tisch kommen. Vor allem beim Fruchtgemüse ist es wichtig, den richtigen Reifegrad zu erwischen, um das volle Aroma zu genießen. Kohl, Lauch oder Möhren können lange auf dem Beet bleiben und nach und nach geerntet werden.

## Zu viel auf einmal

Wenn Sie viel Obst und Gemüse anbauen wollen, dann kalkulieren Sie auch die Zeit ein, die Sie zum Ernten und Verarbeiten des Ernteguts (→ Seite 90/91) benötigen. Bedenken Sie, dass mehrere Obstsorten gleichzeitig reif sind und zusätzlich vielleicht auch noch die Stangenbohnen und das Kraut auf ihre Verarbeitung warten. Wenn Sie mehrere Obstbäume anpflanzen wollen, dann empfiehlt es sich, frühe, mittelfrühe und späte Sorten zu kombinieren, damit sich die Erntezeit verteilt. Größere Mengen an Frucht- und Sommergemüse, wie Tomaten, Zucchini oder Kohlrabi, lassen sich gut in Salate und Rohkost verwandeln, aber auch einfrieren oder zu Cutneys verarbeiten. Möhren und Rote Bete können gleich gegessen, aber auch für längere Zeit gelagert werden. Egal, wie Sie die Früchte Ihres Gartens verwerten – es soll ein Genuss sein und nicht in Stress ausarten!

*Endlich Erntezeit – jetzt geht's ans Pflücken, Verarbeiten oder Einlagern der »süßen« Beute!*

# Erntereif oder nicht – der richtige Zeitpunkt

Bohnen können Sie ab einer bestimmten Größe laufend ernten, je kleiner, desto zarter. Tomaten dagegen schmecken vollreif am besten, ebenso Erdbeeren. Wann ist Obst und Gemüse erntereif?

*Lassen Sie Zucchini nicht zu groß werden, dann sind sie fest, knackig und geschmackvoll.*

**Einen ersten** Anhaltspunkt für den Erntezeitpunkt liefern Ihnen die Angaben über Kulturzeiten auf den Samentütchen, denn bereits bei einzelnen Sorten können hier deutliche Unterschiede auftreten.

## Erntereifes Gemüse

Salat (→ Seite 98–101) und Gemüse (→ Seite 102–109) sollten Sie lieber etwas zu früh als zu spät ernten, denn sie verlieren bei »Überreife« rasch an Qualität und Geschmack. Bei Bohnen oder Gurken steigert sich zudem der Ertrag, wenn Sie öfter und in kurzen Abständen ernten. Wenn Sie Möhren, Radieschen und Salat ganz jung laufend ernten, dann haben die Nachbarn immer mehr Platz zum Wachsen.

### Je jünger, desto besser!

- Bohnen reifen meist unterschiedlich schnell heran. Sie können also in mehreren Durchgängen ernten. Je kleiner die Schoten, desto zarter sind sie. Zu spät gepflückt, werden Bohnen faserig und hart.
- Auch Rettich, Radieschen und Kohlrabi werden schnell »holzig«, wenn sie zu lange auf den Beeten bleiben. Säen oder pflanzen Sie lieber nach und ernten Sie möglichst junge Früchte.
- Riesengroße Zucchini machen zwar stolz, sind dann aber geschmacklich eher fad. Bei einer Größe von 15–20 cm sind sie knackig und schmackhaft und am besten zum gleich essen oder haltbar machen (→ Seite 90/91) geeignet.
- Wenn Sie bei Brokkoli den Haupttrieb herausschneiden, solange er noch nicht zu groß geworden ist, dann entwickeln sich meist noch weitere Seitentriebe und Sie können über längere Zeit fortwährend kleine Röschen ernten.
- Wenn Sie bei Chili und Paprika die Früchte voll ausgereift ernten, sind sie süßer und haben einen höheren Gehalt an Carotinoiden. Sie können aber selbst rote und orangefarbene Sorten schon in grünem Zustand abnehmen.

### In Ruhe reifen lassen

- Der große runde Bruder der Zucchini, der Winterkürbis, darf dagegen noch lange in den Herbst hinein weiterwachsen. Werden die Fruchtstiele langsam holzig und klingt der Kürbis beim Dranklopfen dumpf, ist hier Erntezeit angesagt.
- Rot- und Weißkohl, Sellerie, Möhren und Rote Bete, die Sie einlagern möchten, sollten so lange wie möglich auf den Beeten stehen bleiben – umso länger und besser haltbarer sind die Früchte nachher.
- Zwiebeln und Knoblauch sind voll ausgereift, wenn das Laub vergilbt, eintrocknet und langsam abstirbt.

### Nitrat möglichst meiden

Nitrat, das in höheren Dosen in der Nahrung vermieden werden sollte, reichert sich vor allem nachts an.

- Ernten Sie Kopfsalat und Spinat erst am Nachmittag, dann ist das Nitrat in den Blättern weitgehend abgebaut.
- Möhren heben Sie mit der Grabegabel morgens so weit

*Stück für Stück abgepflückte Zwetschgen lassen sich meist etwas länger aufheben als einfach vom Baum geschüttelte.*

an, dass ihre Feinwurzeln abreißen und ziehen sie dann erst am Nachmittag vollständig aus dem Boden. Auch so lässt sich eine Anreicherung von Nitrat im Erntegut vermeiden.

### Roh oder gekocht?

Salat wird roh zubereitet. Raddicchio können Sie allerdings auch schmoren oder überbacken. Auch das meiste Gemüse kann roh verzehrt werden. Bei Hülsenfrüchten – Erbsen und Bohnen – ist jedoch Vorsicht geboten: Größere Mengen roher Früchte sind leicht giftig! Auch grüne Tomaten, die Sie bedenkenlos zur Verarbeitung von speziellen Gelees und Chutneys verwenden können, sollten nicht roh genossen werden.

## Obst ernten

Beim Obst (→ Seite 110–117) entscheidet in erster Linie die Sorte über den richtigen Erntetermin.

- Lagerobst darf ruhig etwas länger in den Herbst hinein an den Bäumen hängen bleiben und ausreifen. Warten Sie aber nicht zu lange: Bei zu spät geernteten Früchten entwickeln sich später oft typische »Lagerkrankheiten« wie Stippigkeit (→ Seite 94).
- Frühreife Quitten enthalten viel Pektin, das die Gelierfähigkeit günstig beeinflusst. Ernten Sie daher Quitten, aus denen Sie Gelee oder Marmelade machen möchten, früher als solche, die Sie zu Saft verarbeiten wollen, denn zum späteren Zeitpunkt hat sich das Pektin teilweise schon wieder abgebaut.
- Die meisten Birnensorten sind eher zum Frischverzehr geeignet. Haben Sie jedoch eine Lagersorte gepflanzt, sollten Sie die Früchte pflücken, wenn sie noch relativ hart sind.
- Süßkirschen und Stachelbeeren platzen, wenn sie über ihren optimalen Reifetermin hinaus nicht geerntet werden.
- Frühzwetschgen reifen schnell aus. Sie sollten daher innerhalb von 2–3 Tagen abgeerntet werden.

Tipp

**DAUERHAFTE ERNTE BEIM PFLÜCKSALAT**

Das große Plus vom Pflücksalat liegt darin, dass Sie die Pflanzen über längere Zeit hin beernten können. Schneiden oder pflücken Sie dazu von unten beginnend immer einzelne Blätter ab. Wenn Sie das »Herz« in der Mitte der Pflanze nicht beschädigen, dann wächst die Pflanze nach oben weiter und liefert ständig neue knackige Salatblätter.

PRAXIS

# Obst und Gemüse verarbeiten und lagern

Eine reiche Ernte im Obst- und Gemüsegarten lässt das Gärtnerherz voller Stolz höher schlagen – mit der richtigen Verarbeitung oder Lagerung haben Sie noch lange etwas vom leckeren Erntegut!

**Alles, was Sie** von Ihrem Erntegut nicht gleich frisch verzehren, sollten Sie möglichst rasch weiterverarbeiten – Lagerobst und Lagergemüse ausgenommen.

## Gemüse haltbar machen

Es versteht sich von selbst, dass nur unbeschädigtes Gemüse weiterverarbeitet oder eingelagert werden soll.

### Richtig einlagern

- Zum Einlagern von Kohl, Möhren, Sellerie und Rote Bete eignen sich am besten kühle Räume (4–10 °C) mit relativ hoher Luftfeuchte (ca. 80 %). Legen Sie das Gemüse locker auf Lattenrosten oder in Obststeigen aus.
- Ist Ihr Lagerraum zwar kühl genug, aber zu trocken, dann sollten Sie das Gemüse in Kisten mit feuchtem Sand (→ Abb. 1) lagern. Verliert das Lagergut nämlich zu schnell zu viel Feuchtigkeit, ist es schon bald nicht mehr knackig.

### Dekorative Zwiebelzöpfe

Zwiebeln sind ohne viel Aufwand lange haltbar, wenn sie aus dem Beet genommen gut ausgetrocknet (→ Abb. 2) sind. Am Laub zu Bündeln oder kunstvollen Zöpfen zusammengebunden, die Sie an einem trockenen, luftigen Platz aufhängen, halten sie sich den ganzen Winter hindurch.
Für den kleinen Bruder, den Knoblauch, gilt Ähnliches. Hauptsache, die Knollen werden vor dem Einlagern möglichst gut getrocknet, dann sind auch sie ausgesprochen lange haltbar.

### Richtig einfrieren

Einfrieren (→ Abb. 3) ist die schnellste und einfachste Art des Konservierens. Ein weiterer Vorteil liegt darin, dass das Gefriergut weitgehend seine Form und Farbe behält und sich der

1

**Ab in die Kiste!**
In einer Kiste mit feuchtem – nicht nassem – Sand geben Möhren kaum Feuchtigkeit ab und bleiben viele Wochen lang erntefrisch. Achten Sie darauf, dass der Sand nicht vollkommen austrocknet.

2

**Nur trocken lange haltbar!**
Zwiebeln sind sehr lange haltbar, wenn sie an einem trockenen, luftigen Ort in Kisten ausgelegt oder in Büscheln aufgehängt werden. Dazu muss die äußere Haut allerdings vorher vollkommen trocken sein.

Geschmack kaum verändert. Nährstoffe allerdings bleiben nur erhalten, wenn das Gemüse erntefrisch und in ganz kurzer Zeit durchgefroren wird (Schockgefrieren).

- Bei einigen Gemüsearten, z. B. Erbsen, Bohnen und Spinat, empfiehlt sich vor dem Einfrieren ein portionsweises Blanchieren, damit sich die intensive Farbe nicht verändert.
- Im Rohzustand zum Einfrieren nicht geeignet sind stark wasserhaltige Gemüse wie Gurken oder Zwiebeln.

## Obst haltbar machen

»Überzähliges« Obst können Sie auch auf verschiedene Art und Weise verarbeiten und dadurch haltbar machen.

### Äpfel bleiben unter sich

Auch Lagerobst braucht einen trockenen, luftigen und kühlen Platz (2–6 °C), an dem die Früchte am besten nebeneinander auf Lattenrosten (→ Abb. 4) ausgelegt werden.

- Legen Sie das Erntegut so aus, dass sich die einzelnen Früchte nicht berühren.
- Äpfel sollten separat gelagert werden. Sie sondern einen »Reifestoff« ab, der die Haltbarkeit von anderem Obst und Gemüse deutlich reduziert.

### Ab in die Tiefkühltruhe

- Beerenfrüchte und Steinobst können frisch geerntet gut eingefroren werden. Frieren Sie die Früchte am besten einzeln auf einer Platte vor und verpacken Sie sie dann portionsweise in Beutel. So bleiben vor allem zarte Füchte besser als ganze Frucht erhalten.
- Kernobst (Äpfel, Birnen, Quitten) kann nicht roh eingefroren, sondern sollte vorher gedünstet werden.

### Saft, Marmelade & Co.

- Mit der Verarbeitung zu Saft, Gelee, Marmelade & Co. (→ Abb. 5) steht Ihnen eine Vielzahl von leckeren Verwertungsmöglichkeiten zur Verfügung. Hier sind Ihrer Fantasie kaum Grenzen gesetzt!
- Wenn Sie einen Dörrapparat besitzen, dann können Sie Äpfel, Aprikosen, Birnen und Zwetschgen auch klein oder in Ringe schneiden und trocknen. Das geht zwar auch im Backofen, ist aber aufwändiger.

3

**Einfrieren – schnell und einfach**
Spinat können Sie portionsweise tiefgefrieren, ohne dass er an Farbe, Geschmack und Aroma verliert, wenn Sie ihn vorher kurz blanchieren, d. h. 1–5 Minuten in kochendes Wasser geben und dann gut abtropfen lassen.

4

**Richtig gelagert hält länger**
Luftig, kühl und locker ausgebreitet hält sich Lagerobst und -gemüse am besten. Kontrollieren Sie trotzdem regelmäßig. Beschädigte oder gar faulige Exemplare sollten Sie schnellstens aussortieren.

5

**Pürieren, gelieren, entsaften**
Zum Herstellen von Saft, Gelee oder Marmelade ist vollreifes Obst am besten geeignet. Verarbeiten Sie nur 1a-Früchte, ohne Druckstellen oder sonstige Schäden, das geht oftmals auf Kosten der Haltbarkeit.

› FRAGE & ANTWORT

# Expertentipps zu Ernte und Lagerung

Die lang ersehnte Ernte steht bevor – da stellt sich die Frage des günstigen Erntezeitpunktes, der richtigen Technik oder des passenden Lagerplatzes. Denn: Richtig geerntet und gut gelagert sorgen Ihre Gartenerzeugnisse für lange anhaltenden Genuss.

**? Ich habe mehrere Kürbissorten ausgesät; eine davon ist allerdings scheinbar ein Zierkürbis mit kleinen, orangefarbenen Früchten. Was kann ich mit denen anfangen?**

Gerade an Kürbissorten gibt es ein recht umfangreiches Sortiment. Oft werden kleinfrüchtige Sorten auch als – nicht essbare! – Zierkürbisse deklariert, obwohl sich unter ihnen einige schmackhafte Vertreter finden. Für kleinfrüchtige Kürbissorten, im Übrigen auch für Rondini (eine kleine, runde Zucchiniverwandte) und den skurrilen Squash-Kürbis, der wie ein Ufo aussieht, gilt es, den richtigen Erntezeitpunkt nicht zu versäumen. Lassen Sie diese Kürbissorten keinesfalls zu lange an der Pflanze oder im Gemüselager. Je kleiner die Kürbisfrüchte sind, umso dünner ist meist ihre Schale und umso schneller trocknen sie aus, werden hart und ungenießbar. Ganz jung und frisch sind diese Sorten allerdings knackig und lecker. Wahrscheinlich ist auch Ihr kleiner, orangefarbener Kürbis eine schmackhafte Überraschung – probieren Sie´s einfach aus!

**? Das Laub meiner Zwiebeln ist zum Teil mit bräunlichen Pusteln bedeckt – wahrscheinlich ein Rostpilz. Kann ich die Zwiebeln trotzdem verwenden?**

Sie haben Recht: Ihre Zwiebeln sind wohl einem Rostpilz zum Opfer gefallen. Da diese Krankheit sich von den Pusteln aus wieder weiterverbreitet, sollten Sie die befallenen Pflanzen umgehend vernichten – nicht kompostieren! Für den sofortigen Verzehr sind nicht allzu stark befallene Zwiebeln noch geeignet, wenn Sie alle Pflanzenteile mit Pilzflecken großzügig entfernen.

**? Ich habe im Frühjahr Fenchel gepflanzt. Inzwischen sind die Pflanzen über 1,5 m hoch geworden, haben allerdings keine Knollen gebildet, sondern gelbliche Blütendolden. Kann ich sie dennoch verwenden?**

Wahrscheinlich wollten Sie Knollenfenchel pflanzen, dessen anisartig schmeckende Knollen ein feines Gemüse abgeben, und haben stattdessen Gewürzfenchel erwischt. Die beiden Pflanzen sind nah verwandt, doch bildet der Gewürzfenchel keine Knollen aus, sondern wächst stattdessen zu einer stattlichen Pflanze heran. Mit dem zarten Laub und den grünen oder reifen Samen können Sie Fisch- und Salatsoßen und Mixed Pickles würzen.

**? An meinem Stachelbeerbäumchen hängen in diesem Jahr fast nur aufgeplatzte Früchte. An meiner Süßkirsche hatte ich dieses Problem auch schon mal. Kann ich die Früchte noch verwenden?**

Vor allem die reifen Früchte von Frühsorten verschiedener Obstarten wie Stachelbeeren, Kirschen oder Zwetschgen platzen häufig auf und werden dann anschließend oftmals noch von Schimmelpilzen befallen. Vom Geruch des austretenden Pflanzensaftes werden bald auch Wespen und andere Insekten angelockt, so dass die Früchte meist recht schnell für den Verzehr unbrauchbar sind.

- Ernten Sie daher – vor allem frühe Sorten – zügig, sobald die ersten Früchte herangereift sind.
- Verhindern können Sie das lästige Platzen, wenn Sie die Pflanzen ausgewogen düngen, vor allem aber nicht mit zu viel Stickstoff versorgen.
- Sorgen Sie vor allem bei hochsommerlicher Hitze und Trockenheit für eine ausreichende Bewässerung vom Zeitpunkt des Fruchtansatzes bis zur Ernte.
- Von Kirschen gibt es übrigens ausgesprochen platzfeste Sorten!

**? Ich habe Rosenkohl gepflanzt, der ja angeblich noch bis zum Beginn des Winters auf dem Beet bleiben kann und sogar Frost zur Ausbildung eines guten Geschmacks braucht. Ich habe dann jedoch schon wiederholt nur faulige Röschen geerntet. Woran liegt das?**

Sie haben Recht: Rosenkohl gilt eigentlich als mehr oder weniger winterhart. Das hängt zum einen natürlich von der Region und dem spezifischen Gartenplatz ab, zum anderen auch von der Sorte und der Ernährung der Pflanzen.
Auch wenn all diese Faktoren optimal sind, schaden mehrmalige Fröste unter –10 °C, wiederholtes Gefrieren und anschließendes Anoder Auftauen den Röschen sehr. Daher ist es am besten, wenn Sie den Rosenkohl spätestens Ende Dezember ganz abernten, die Röschen einfrieren oder die kompletten Pflanzen samt Blättern und Röschen z. B. an der Nordseite eines Gebäudes in Erde einschlagen und gut mit Reisig abdecken. Dann können Sie auch bei starken Frösten den ganzen Winter über aus diesem »Naturkühlschrank« ernten. Achten Sie sorgfältig darauf, dass der Lagerplatz im Freien auf keinen Fall der Wintersonne ausgesetzt ist.

**? An unserer besonnten Hauswand wachsen Kiwis, die inzwischen sehr viele Früchte angesetzt haben. Wie kann ich diese reiche Ernte am besten lagern oder verwerten?**

Ich empfehle Ihnen erst einmal, so viele frische Früchte wie möglich zu verwenden – frisch vom Spalier, als Dessert oder Tortenbelag, denn Kiwis sind sehr reich an Vitamin C.

- Ernten Sie die Kiwifrüchte, wenn sie noch relativ fest sind.
- Achten Sie darauf, dass die Früchte bei der Ernte möglichst trocken, frei von Verschmutzungen und unverletzt sind.
- Geben Sie die Kiwis – je nach Größe etwa 10–15 Stück – in durchsichtige Kunststoffbeutel, die Sie mit einigen Luftlöchern versehen und dann ins Gemüsefach Ihres Kühlschrankes legen. Durch ihre pelzige »Haut« sind die Früchte zusätzlich gut gegen rasche Verdunstung geschützt. Sie können daher maximal bis zu 3–4 Monate saftig und knackig bleiben, ohne einzuschrumpeln.
- Kontrollieren Sie die Beutel regelmäßig auf eventuell faulende Früchte. Sortieren Sie diese sofort aus!
- Es gibt aber auch herrliche Rezepte für Kiwi-Marmelade – vielleicht in Kombination mit Pflaumen und Zwetschgen?

**? Ich habe einen Zwetschgenbaum der Sorte 'Zimmers Frühzwetsche'. In den letzten Jahren sind fast alle Früchte matschig oder faulig geworden, noch während sie am Baum hingen, und ich konnte fast nichts ernten. Was mache ich falsch?**

Im Gegensatz zu der weit verbreiteten 'Hauszwetsche', die wesentlich später und deutlich langsamer ausreift, sind die meisten Frühzwetschgensorten innerhalb nur weniger Tage ernte- und pflückreif. Ihr Fruchtfleisch ist weicher, saftiger und wasserhaltiger als bei der 'Hauszwetsche', weshalb die Früchte nicht gelagert werden können und auch am Baum sofort zu faulen beginnen, wenn sie nicht rechtzeitig geerntet werden.
Behalten Sie also Ihren Zwetschgenbaum gut im Auge, wenn der Zeitpunkt der Reife heranrückt. Am besten kontrollieren Sie dann täglich, ob sich die ersten Früchte schon leicht von den Zweigen lösen lassen.
Spätestens, wenn die ersten Früchte herabfallen, sollten Sie sofort den ganzen Baum abernten. Am einfachsten geht das, wenn Sie die Früchte vom Baum herunterschütteln (Tuch darunter legen). Bei Lagerobst wäre das nicht ideal, aber da die Früchte sowieso gleich verzehrt oder verarbeitet werden müssen, spielt das in diesem Fall keine Rolle.

# Was tun, wenn ...

## ... der neu gepflanzte Obstbaum nach 2–3 Jahren zu viel Schatten aufs Gemüsebeet wirft?

**Ursache:**

Der Baum wurde zu nah an Beete und Pflanzflächen gesetzt – oder umgekehrt.

**› Maßnahme:**

Wenn Sie die Pflanzflächen nicht verändern können, dann hilft es manchmal schon, wenn Sie nur einzelne, starke Äste entfernen. Am besten führen Sie die Schnittmaßnahmen im August durch, da dann der Saftdruck im Baum bereits abnimmt, da er sich schon auf die winterliche Ruhezeit einstellt. Verwenden Sie scharfes Schnittwerkzeug, damit die Schnittstelle nicht ausfranst oder ausreißt. An der Stelle, an der ein Ast in einen anderen, dickeren Ast oder in den Stamm übergeht, ist meist um den Ast herum ein Wulst, der so genannte »Astring« zu erkennen. Achten Sie beim Schnitt unbedingt darauf, Äste so abzuschneiden, dass dieser Wulst nicht verletzt wird. Hier sitzen nämlich besonders teilungsfähige Zellen, die für ein rasches Überwallen der Wunde sorgen. Schneiden Sie die störenden Äste möglichst sauber und glatt ab.

## ... eingelagerte Äpfel im Inneren braune Flecken haben?

**Ursache:**

Die Äpfel sind von der Stippe oder Stippigkeit – einer physiologischen Störung, die bei Kernobst relativ häufig auftritt – befallen.

**Maßnahmen:**

Um diese Krankheit zu verhindern, müssen Sie schon bei der Pflege des Baumes Acht geben:

› Vermeiden Sie auf jeden Fall eine ungleichmäßige Wasserversorgung im Verlauf der Vegetationsperiode, ebenso eine zu späte und unverhältnismäßig hohe Stickstoffdüngung.

› Fördern Sie zudem den Humusgehalt des Bodens durch Mulchen, Kompostgaben und Bodenpflege.

› Ein wichtiger Faktor bei der Entstehung der Stippe ist wahrscheinlich ein Ungleichgewicht bei der Kaliumverteilung innerhalb der Pflanze: Sie sollten also nicht zuviel mit Kalium düngen.

## ... der Obstbaum zahlreiche senkrechte Triebe bildet?

**Ursache:**

So genannte »Wasserschosser« bilden sich, wenn der Baum zu stark geschnitten wurde.

**Maßnahmen:**

»Wuchsberuhigung« heißt hier das Zauberwort!

› Schneiden Sie vor allem starkwüchsige Obstsorten nicht zu kräftig und zu radikal im Spätwinter, sondern führen Sie einen Teil der Schnittmaßnahmen als Sommerschnitt im August durch. Dann treibt der Baum viel weniger stark aus, weil er sich bereits auf die anstehende Herbst- bzw. Winterruhe einstellt.

› Schneiden Sie nie alle senkrechten Triebe ab. Lassen Sie ca. 20 % stehen, und zwar die, die am wenigsten steil nach oben wachsen. Sie entwickeln sich schließlich auch einmal zu Fruchttrieben.

## Salat- und Gemüsepflanzen »über Nacht« teilweise oder komplett abgefressen werden?

### Ursache:

Wahrscheinlich haben Sie ein massives Schneckenvorkommen in Ihrem Garten.

### Maßnahmen:

Schnecken verderben Gartenbesitzern und Salatliebhabern die Freude am Gärtnern am nachhaltigsten. Es gibt jedoch eine Vielzahl mehr oder weniger bewährter Maßnahmen, um den gefrässigen Tieren den Garaus zu machen oder sie zumindest fern zu halten.

› Legen Sie Köderplätze (z. B. alte Bretter oder flache Steine) an, unter denen sich die Tiere tagsüber verkriechen, kontrollieren Sie diese regelmäßig – am besten morgens und insbesondere nach Regenfällen – und sammeln Sie die Schnecken ab. Halbierte rohe Kartoffeln oder mit Bier gefüllte, bodeneben eingegrabene Gefäße sind ebenfalls gute Anlockmittel.

› Schneckenzäune aus Metall mit schräg stehender Oberkante, sperren die gierigen Tiere garantiert aus – so lange sie keine »Brücke« finden, über die sie die Barrieren überwinden können.

› Eine Schicht aus gehäckseltem Schilf kann wegen seiner scharfen Ränder als Barriere um gefährdete Pflanzen herum dienen (regelmäßig erneuern!).

› Bei neu eingesetztem Salat bieten über Nacht über die Pflanzen gestülpte Pflanzhütchen, Gläser oder Konservendosen auch einen guten Fraßschutz. Drücken Sie den Schutz etwas in den Boden ein, damit die Schnecken nicht unten durchkriechen.

› Das Ausstreuen von umweltverträglichem Schneckenkorn ist ebenfalls eine wirkungsvolle Bekämpfungsmethode. Trockenes Schneckenkorn sollten Sie etwas anfeuchten, damit es nicht an Attraktivität verliert.

› Damit sich bereits vorhandene Schnecken nicht auch noch kräftig vermehren, sollten Sie in Bodenunebenheiten und Hohlräumen auf Schneckengelege achten. Sammeln Sie diese gleich auf und vernichten Sie sie.

› Sorgen Sie für einen möglichst feinkrümeligen Boden, dann finden die Schnecken kaum zusagende Plätze für ihre Eiablage.

› Achten Sie im Herbst, wenn die meisten Beete schon abgeerntet sind, auf »Schneckenverstecke«, in denen v. a. die Eier überwintern können.

## Paprika zwar gut wächst, jedoch nur kleine, wässrig schmeckende Früchte ansetzt?

### Ursache:

Die Pflanze hat an ihrem Standort nicht die benötigten Wuchsbedingungen. Wahrscheinlich ist der Standort zu kalt.

### Maßnahmen:

› Zuverlässige Erträge und aromatische Früchte erzielen Sie bei Gemüsepaprika am besten, wenn Sie ihn im Kleingewächshaus anbauen. Alternativ dazu können Sie niedrig und buschig wachsende Sorten wählen und diese auch unter einem Vlies- oder Folientunnel anbauen. Oder Sie kultivieren sie in Töpfen, die Sie dann an einer warmen Hauswand oder auf Balkon oder Terrasse aufstellen.

› Wenn Sie Paprika auf dem Beet anbauen, dann braucht er einen absolut sonnigen und sehr Wind geschützten Standort, z. B. an einer warmen Mauer, vor einer Wand oder im Schutz einer Hecke, die ihm allerdings keine Sonne wegnehmen darf.

› Der Boden muss sich schnell erwärmen können. Er darf also nicht zu nass oder zu schwer sein.

# 3

# Porträts

# Knackiger Salat und erntefrisches Gemüse

Das Angebot an Salaten und Gemüsen ist überaus reichhaltig und abwechslungsreich. Auf den folgenden Seiten wird eine repräsentative Auswahl vorgestellt, die Sie problemlos anbauen können.

**Ab Mai** können Sie ein vielfältiges Salatsortiment direkt ins Beet aussäen bzw. pflanzen: Kopfsalat & Co. haben eine etwas längere Kulturzeit, liefern aber auch mehr »Blattmasse«. Bei den praktischen Blatt- und Pflücksalaten hingegen erzielen auch ungeduldige Gärtner schon nach kürzester Zeit erste Ernteerfolge.

Beim Gemüse stehen zur Auswahl: schnellwüchsiges Blatt- bzw. Blattstielgemüse, ein umfangreiches Sortiment an zarten oder deftigen Kohlgewächsen, knackige Hülsenfrüchte, milde bis scharfe Zwiebel- und Lauchgemüse, »erdige« und lagerfähige Wurzeln und Knollen und sonnenhungrige Fruchtgemüse.

*Selbst auf wenig Standraum kann ein buntes Sortiment an Salat und Gemüse gedeihen.*

## Eissalat, Krachsalat

*Lactuca sativa* var. *capitata*

**PFLANZABSTAND:** 30 x 40 cm
**ERNTEZEIT:** Mai – Oktober
**kopfbildender Salat**

**Familie:** Korbblütler (*Compositae*)
**Anbauen:** ab März unter Glas aussäen; ab Mitte Mai vorgezogene Jungpflanzen setzen; bis Juli alle 2–3 Wochen weitere Saaten möglich
**Boden:** humos, locker, durchlässig, nicht zu trocken
**Pflegen:** Mittelzehrer; den Boden vor der Pflanzung mit Kompost versorgen; alle 4 Wochen mit Brennnesseljauche und nur sparsam mit Stickstoff düngen; mulchen; nicht auf die Köpfe gießen, sie faulen sonst
**Ernten:** ca. 9 Wochen nach dem Pflanzen erntereif; bei der Ernte sollen die Köpfe fest sein, aber noch nicht anfangen, spitz auszulaufen; am Morgen ernten; die Köpfe halten mehrere Tage im Kühlschrank frisch; neigt nicht so schnell zum Schossen wie Kopfsalat, kann daher länger auf dem Beet bleiben
**Inhaltsstoffe:** Mineralstoffe, Vitamine, Ballaststoffe
**Sonstige Sorten/Arten:** 'Calgary' (besonders schossfest), 'Sioux' (rotbraune Blätter), 'Frillice' (stark geschlitzte Blätter, bildet relativ lockere Köpfe)

## Endivie, Winterendivie

*Cichorium endivia*

**PFLANZABSTAND:** 30 x 40 cm
**ERNTEZEIT:** Juni – November
**kopfbildender Salat**

**Familie:** Korbblütler (*Compositae*)
**Anbauen:** Aussaat von Sommersorten ab April unter Glas, frühestens ab Mai Aussaat ins Freie, Folgesaaten alle 2–3 Wochen; früheste Pflanzung ins Freie ab April/Mai, dann mit Folie oder Vlies abdecken; nicht zu tief pflanzen; Aussaat von Wintersorten im Juni, Pflanzung Anfang August
**Boden:** humos, durchlässig, nicht zu trocken, tiefgründig
**Pflegen:** Mittelzehrer; Boden vor der Pflanzung mit Kompost versorgen; mulchen; an die Wurzeln, nicht über die Blätter gießen (Fäulnisgefahr)
**Ernten:** ca. 8 Wochen nach der Pflanzung erntereif; fast erntefertige Köpfe bei trockenem Wetter zusammenbinden oder mit schwarzer Folie oder schwarzen Kunststofftöpfen abdecken, die Innenblätter werden dann innerhalb von 14 Tagen hell und zart
**Inhaltsstoffe:** Mineralstoffe, Vitamine, Bitterstoffe
**Sonstige Sorten/Arten:** 'Bubikopf' (für Sommer- und Herbsternte), 'Grüner Escariol' (für Herbst- und Winterernte), 'Großer Grüner Krauser' (Frisée-Typ, Nässe empfindlicher)

## Kopfsalat

*Lactuca sativa* var. *capitata*

**PFLANZABSTAND:** 25 x 25 cm
**ERNTEZEIT:** Mai – Oktober
**kopfbildender Salat**

**Familie:** Korbblütler (*Compositae*)
**Anbauen:** Aussaat ab Februar/März, in Töpfe pikieren, nicht vor Mai ins Freie setzen, nicht zu tief pflanzen, bis Juli alle 2–3 Wochen weitere Saaten möglich; ideal für die erste und letzte Nutzung von Frühbeet oder Folientunnel im Frühjahr und Herbst
**Boden:** humos, durchlässig, nicht zu trocken, kalkhaltig
**Pflegen:** Mittelzehrer; Boden vor der Pflanzung mit Kompost versorgen, bei Beginn der Kopfbildung mit Brennnesseljauche düngen; mulchen; nicht über die Blätter gießen
**Ernten:** ca. 8 Wochen nach dem Pflanzen erntereif; wenn die Köpfe fest sind, rechtzeitig ernten, weil die Pflanzen sonst Blütenansätze bilden (»schießen«); nachmittags ernten, dann geringere Nitratanreicherung
**Inhaltsstoffe:** Mineralstoffe, Vitamine, Ballaststoffe
**Sonstige Sorten/Arten:** 'Dynamit' (für Früh-, Sommer- und Herbstanbau, Blätter gelbgrün), 'Maikönig' (früheste Sorte fürs Freiland, Blätter gelbgrün mit rotem Rand), 'Pirat' (Sommersorte, Blätter braunrot)

## Radicchio

*Cichorium intybus* var. *foliosum*

**PFLANZABSTAND:** 25 x 20 cm
**ERNTEZEIT:** September – März
**kopfbildender Salat**

**Familie:** Korbblütler (*Compositae*)
**Anbauen:** von Ende April bis Ende Juli vorgezogene Jungpflanzen setzen, wenn im Herbst geerntet werden soll; Aussaat im Juli/August direkt ins Beet und nach dem Aufgehen auf 12 cm vereinzeln, wenn die Pflanzen überwintert und im folgenden Frühjahr geerntet werden sollen
**Boden:** humos, tiefgründig, nicht zu trocken
**Pflegen:** Schwachzehrer; Boden vor der Pflanzung mit Kompost versorgen; zweimal mit Brennnesseljauche düngen; mulchen; bei überwinternden Sorten die Blätter im Spätherbst bis auf 5 cm abschneiden und mit Reisig oder Vlies abdecken, jetzt erst bilden sich feste Köpfe
**Ernten:** frühe Sorten, wenn sich Köpfe gebildet haben, späte Sorten zweimal: einmal die zurückgeschnittenen Blätter, später dann die Köpfe ernten
**Inhaltsstoffe:** Mineralstoffe, Bitterstoffe, Inulin
**Sonstige Sorten/Arten:** 'Burgundy' (für früheste Herbsternte), 'Roter von Verona' (zum Überwintern, Blätter werden erst im Frühjahr rot)

## Asia-Salat
*Brassica campestris*

**PFLANZABSTAND:** 20 x 30 cm
**ERNTEZEIT:** April – Oktober
**Blattsalat**

**Familie:** Kreuzblütler (*Cruciferae*)
**Anbauen:** von März bis September direkt aufs Beet säen oder vorgezogene Jungpflanzen von April bis Anfang August setzen
**Boden:** humus- und strukturreich, nicht zu trocken, kalkhaltig
**Pflegen:** Starkzehrer; vor der Pflanzung Boden mit Kompost anreichern; mulchen; regelmäßig hacken; mindestens 3 Jahre Anbaupause, auch zu anderen Kreuzblütlern
**Ernten:** junge Blätter einzeln abschneiden und als Salat (scharf, kresseartig) verwenden; ältere Pflanzen ganz ernten und wie Gemüse dünsten (z. B. für Wok-Gerichte)
**Inhaltsstoffe:** Vitamin C, Mineralstoffe, Ballaststoffe
**Sonstige Sorten/Arten:** 'Red Giant' (Blätter grün mit rotgezacktem Rand, scharf), 'Komatsuna Green Boy' (grün, fleischig, mild), 'Mizuna' (→ Abb.; geschlitzte Blätter, hellgrün, Frühsorte, mild), 'Mustard Red Giant' (grünbronzefarbig, scharf), 'Tatsoi' (dunkelgrün, als spinatähnliches Blattgemüse zu verwenden)

## Eichblattsalat, Pflücksalat
*Lactuca sativa* var. *crispa*

**PFLANZABSTAND:** 30 x 30 cm
**ERNTEZEIT:** Mai – September
**Blattsalat**

**Familie:** Korbblütler (*Compositae*)
**Anbauen:** Aussaat von März bis Ende Juli direkt aufs Beet oder von April bis Anfang August vorgezogene Jungpflanzen setzen
**Boden:** humos, durchlässig, nicht zu trocken, kalkhaltig
**Pflegen:** Mittelzehrer; den Boden vor der Pflanzung mit Kompost versorgen; mulchen
**Ernten:** 5–7 Wochen nach der Aussaat erntereif; äußere Blätter abkneifen, den Herztrieb nicht verletzen, dann wachsen ständig neue Blätter nach, oder die ganze junge Pflanze abschneiden; nachmittags ernten, dann weniger Nitratanreicherung; die rotblättrigen Sorten färben sich bei großen Temperaturunterschieden zwischen Tag und Nacht stärker aus
**Inhaltsstoffe:** Mineralstoffe, Vitamine, Ballaststoffe
**Sonstige Sorten/Arten:** 'Feuille de chene rouge' (braunroter Eichblattsalat), 'Red Salad-bowl' (→ Abb.; rotlaubiger Eichblattsalat), 'Lollo Rosso' (rotlaubiger Blattbataviasalat), 'Lollo Bionda' (hellgrüner Blattbataviasalat)

## Feldsalat, Ackersalat
*Valerianella locusta*

**PFLANZABSTAND:** 15 x 3 cm
**ERNTEZEIT:** Oktober – März
**Blattsalat**

**Familie:** Baldriangewächse (*Valerianaceae*)
**Anbauen:** Aussaat ins Freie im Juli/August, wenn im Sommer und Herbst geerntet werden soll, im September, wenn überwintert werden soll; vor der Aussaat sehr lockeren Boden mit einem Holzbrett fest drücken; ca. 2 cm tief säen; breitflächig (bei zu engem Stand ausdünnen) oder in Reihen mit 15 cm Abstand säen
**Boden:** humos, nicht zu leicht, kalkhaltig
**Pflegen:** Schwachzehrer; bis zum Aufgehen stets feucht halten; von Unkraut frei halten, vor allem noch ein letztes Mal im Herbst vor der Überwinterung; ab Mitte Dezember mit Vlies oder Reisig abdecken
**Ernten:** lässt sich den ganzen Winter über ernten; als ganze Rosetten abschneiden
**Inhaltsstoffe:** Mineralstoffe (v. a. Eisen), Vitamine (v. a. Vitamin C)
**Sonstige Sorten/Arten:** 'Dunkelgrüner Vollherziger' (Herbst- und Wintersorte), 'Vit' (für ganzjährigen Anbau, große Einzelpflanzen)

## Gartenkresse
*Lepidium sativum*

**REIHENABSTAND:** 10 cm
**ERNTEZEIT:** Mai – Oktober
**Blattsalat**

**Familie:** Kreuzblütler (*Cruciferae*)
**Anbauen:** Aussaat direkt ins Freie von März bis September, Samen in Reihen ausstreuen, leicht andrücken und mit etwas Erde bedecken, gut wässern; weitere Saaten alle 2 Wochen möglich; nach 2–3 Jahren Standort wechseln; Anbau auch unter Glas möglich, sogar in Saatschalen auf feuchtem Vliespapier
**Boden:** humos, locker, durchlässig
**Pflegen:** Schwachzehrer; anspruchslose und raschwüchsige Kultur, ideal für Garten»neulinge« und Ungeduldige; braucht keine Düngung; im Hochsommer an schattigen Platz säen, sonst »schießen« die Pflänzchen
**Ernten:** bereits 2–3 Wochen nach der Aussaat kann geerntet werden; es werden die ganzen Pflänzchen abgeschnitten
**Inhaltsstoffe:** Mineralstoffe (Eisen, Kalzium), Vitamin C, Provitamin A (Karotin), Senföle, Bitterstoffe
**Sonstige Sorten/Arten:** 'Mega' (sehr wüchsige Sorte mit großen Blättern), Krause Gartenkresse (gekrauste Blätter, milder im Geschmack)

## (Stiel-)Mangold
*Beta vulgaris* var. *cicla*

**PFLANZABSTAND:** 40 x 30 cm
**ERNTEZEIT:** (Mai) Juli – Oktober
**Blattstielgemüse**

**Familie:** Gänsefußgewächse (*Chenopodiaceae*)
**Anbauen:** Aussaat von April bis August ins Freie, ca. 2–3 cm tief; in Reihen säen, nach dem Aufgehen auf 30 cm vereinzeln; mindestens 3 Jahre Anbaupause einhalten, auch zu anderen Gänsefußgewächsen
**Boden:** humos, tiefgründig, nicht zu trocken
**Pflegen:** Mittelzehrer; den Boden vor der Pflanzung mit Kompost versorgen; bei Mangelerscheinungen Bordünger verwenden; mulchen; Boden gleichmäßig feucht halten, dann bleiben die Blattstiele besonders zart
**Ernten:** erste Ernte ca. 3 Monate nach der Aussaat; Stiele von außen nach innen abschneiden; bei Überwinterung unter Reisig- oder Vliesabdeckung kann oftmals nochmals im Frühjahr geerntet werden
**Inhaltsstoffe:** Mineralstoffe, Vitamine C, Provitamin A (Karotin), Oxalsäure
**Sonstige Sorten/Arten:** 'Bright Lights' (Stiele in Regenbogenfarben), 'Rhubarb Chard' (Stiele feuerrot), 'Vulkan' (Stiele leuchtend rot)

## Spinat
*Spinacia oleracea*

**PFLANZABSTAND:** 20 x 3 cm
**ERNTEZEIT:** April – Dezember
**Blattgemüse**

**Familie:** Gänsefußgewächse (*Chenopodiaceae*)
**Anbauen:** Aussaat ins Freie, je nach Sorte von Ende Februar bis Anfang Oktober, ca. 3–4 cm tief; mindestens 3 Jahre Anbaupause einhalten, auch zu anderen Gänsefußgewächsen
**Boden:** humos, nicht zu trocken, tiefgründig (Wurzeln bis in 1 m Tiefe!), kalkhaltig
**Pflegen:** Mittelzehrer; vor dem Pflanzen den Boden mit Kompost versorgen; regelmäßig hacken, feucht (senkt die Nitratanreicherung) und von Unkraut frei halten; Wintersorten mit Reisig oder Vlies abdecken oder unter Folientunnel kultivieren
**Ernten:** ca. 8 Wochen nach der Aussaat erntereif; Blätter laufend abschneiden; abernten bevor die ersten Blütenknospen erscheinen, sonst schmecken die Blätter bitter
**Inhaltsstoffe:** Mineralstoffe (Eisen, Kalium), Vitamin C, Provitamin A
**Sonstige Sorten/Arten:** 'Medania' (für Frühjahrs- und Herbstanbau), 'Monnopa' (für Winteranbau, besonders zum Einfrieren geeignet)

## Blumenkohl

*Brassica oleracea* var. *botrytis*

**PFLANZABSTAND:** 40 x 50 cm
**ERNTEZEIT:** Mai – November
**Kohlgemüse**

**Familie:** Kreuzblütler (*Cruciferae*)
**Anbauen:** Aussaat ab Februar unter Glas, ab März/April pflanzen; ins Beet setzen ab Mai bis Juli; tief setzen, mindestens 4 Jahre Anbaupause einhalten, auch zu anderem Kohlgemüse, Spinat und Rettich
**Boden:** humus- und strukturreich, nicht zu trocken, kalkhaltig
**Pflegen:** Starkzehrer; Boden vor der Pflanzung mit Kompost versorgen; für gleichmäßige Bodenfeuchte sorgen; alle 4 Wochen mit Pflanzenjauchen düngen; mulchen; Wintersorten mit Vlies abdecken
**Ernten:** 10–12 Wochen nach der Pflanzung erntereif, sobald die weißen Köpfe gut ausgebildet sind; Köpfe kurz vor der Ernte mit abgeknickten Laubblättern abdecken, dann bleiben sie schön weiß
**Inhaltsstoffe:** Vitamin-C-reich
**Sonstige Sorten/Arten:** 'Graffiti' (violette Köpfe, die sich beim Kochen grün färben), 'Neckarperle' (für Frühjahrs- bis Herbstanbau), 'Herbstriesen' (für Herbstanbau), 'Walcher Winter' (Wintersorte)

## Brokkoli, Spargelkohl

*Brassica oleracea* var. *italica*

**PFLANZABSTAND:** 40 x 50 cm
**ERNTEZEIT:** Juni – Oktober
**Kohlgemüse**

**Familie:** Kreuzblütler (*Cruciferae*)
**Anbauen:** Aussaat ab Februar bis April unter Glas, ab März/April auspflanzen; von April bis Juli direkt ins Freie säen; mindestens 3 Jahre Anbaupause einhalten, auch zu anderem Kohlgemüse und Spinat
**Boden:** humos, nährstoffreich, nicht zu trocken
**Pflegen:** Starkzehrer; Boden vor der Pflanzung mit Kompost versorgen; für gleichmäßige Bodenfeuchte sorgen; mulchen; bei Ansatz der »Blume« mit Brennnesseljauche düngen; zur Ernteverfrühung und zum Schutz vor Schädlingen mit Vlies abdecken; kann bis in den Winter hinein auf dem Beet bleiben
**Ernten:** 6–8 Wochen nach der Pflanzung erntereif; ernten so lange der Kopf fest und dicht ist; den Haupt»kopf« herausschneiden, dann bilden auch die Seitentriebe Köpfe aus
**Inhaltsstoffe:** mineralstoff- und vitaminreich (v. a. Provitamin A und B)
**Sonstige Sorten/Arten:** 'Marathon' (mittelspäte Sorte), 'Minarett' und 'Romanesco' (gelbgrüne Köpfe)

## Grünkohl

*Brassica oleracea* var. *sabellica*

**PFLANZABSTAND:** 50 x 50 cm
**ERNTEZEIT:** Oktober – Februar
**Kohlgemüse**

**Familie:** Kreuzblütler (*Cruciferae*)
**Anbauen:** Aussaat ins Freie von Mitte Mai bis Juli; 2 cm tief säen; im Juni/Juli vorgezogene Jungpflanzen setzen; mindestens 3 Jahre Anbaupause einhalten, auch zu anderem Kohlgemüse und Spinat
**Boden:** humos, etwas lehmig, kalkhaltig
**Pflegen:** Starkzehrer; Boden vor der Pflanzung mit Kompost versorgen; 3–4 Wochen nach der Pflanzung mulchen; für gleichmäßige Bodenfeuchte sorgen
**Ernten:** 3–4 Monate nach der Aussaat erntereif; zuerst die untersten Blätter abschneiden; schmeckt besser, wenn er Frost abbekommen hat
**Inhaltsstoffe:** Eiweiß, Vitamin C, Provitamin A (Karotin), Mineralstoffe (v. a. Kalium, Kalzium, Phosphor, Eisen), Fruchtsäuren
**Sonstige Sorten/Arten:** 'Arsis' (sehr frosthart, lässt sich besonders gut einfrieren), 'Niedriger Grüner Krauser' (niedrige Sorte mit feingekraustem Laub), 'Red Bor' (weinrote, locker gekrauste Blätter)

## Kohlrabi

*Brassica oleracea* var. *gongylodes*

**PFLANZABSTAND:** 30 x 25 cm
**ERNTEZEIT:** Juli – August
**Kohlgemüse**

**Familie:** Kreuzblütler (*Cruciferae*)
**Anbauen:** Aussaat ab Februar unter Glas, ab April ins Freie setzen, nicht zu tief pflanzen; Aussaat direkt aufs Beet von April bis Mitte Juni; mindestens 3 Jahre Anbaupause einhalten, auch zu anderem Kohlgemüse und Spinat
**Boden:** humos, nährstoffreich, nicht zu trocken
**Pflegen:** Mittelzehrer; für gleichmäßige Bodenfeuchte sorgen, gießt man zu stark auf ausgetrockneten Boden, dann platzen die Knollen; mulchen
**Ernten:** ca. 8 Wochen nach dem Pflanzen erntereif; Knollen nicht zu groß werden lassen, sie werden sonst holzig; das junge Laub kann in Eintopfgerichten mitverwendet werden
**Inhaltsstoffe:** Fruchtsäuren, insbesondere auch in den Blättern Vitamin C, Provitamin A (Karotin) und Mineralstoffe (Kalzium, Eisen)
**Sonstige Sorten/Arten:** 'Azur' (blaue Knollen, schossfest), 'Delicatess' (blaue Knollen, für Sommeranbau), 'Superschmelz' (weiße, sehr große Knollen, alt bewährte Sorte)

## Rosenkohl

*Brassica oleracea* var. *gemmifera*

**PFLANZABSTAND:** 50 x 60 cm
**ERNTEZEIT:** Sept. – Dez. (März)
**Kohlgemüse**

**Familie:** Kreuzblütler (*Cruciferae*)
**Anbauen:** Aussaat direkt aufs Beet ab April; von Ende April bis Ende Juni vorgezogene Jungpflanzen setzen; mindestens 3 Jahre Anbaupause einhalten, auch zu anderem Kohlgemüse und Spinat
**Boden:** humus- und strukturreich, nicht zu leicht
**Pflegen:** Starkzehrer; vor der Pflanzung in den Boden reifen Kompost einarbeiten; für gleichmäßige Bodenfeuchte sorgen; mit Erde anhäufeln, dann sind die Pflanzen standfester
**Ernten:** am besten nach dem ersten Frost (jetzt volles Aroma entwickelt) von unten nach oben am Strunk die festen Röschen pflücken; bei frühen Sorten werden die Röschen größer und schließen sich fest, wenn man die Spitzenknospe »köpft«
**Inhaltsstoffe:** Kalium, Eisen, Eiweiß, Zitronensäure, sehr viel Vitamin C
**Sonstige Sorten/Arten:** 'Hild's Ideal' (relativ frostharte Herbst- und Wintersorte, lange erntbar), 'Lunet' (Herbstsorte), 'Rosella' (Herbstsorte mit roten Röschen)

## Rotkohl

*Brassica oleracea* var. *capitata*

**PFLANZABSTAND:** 50 x 60 cm
**ERNTEZEIT:** Mai – November
**Kohlgemüse**

**Familie:** Kreuzblütler (*Cruciferae*)
**Anbauen:** Früh- und Sommersorten ab Februar/März unter Glas aussäen, ab Ende März/April ins Beet setzen; Aussaat von Herbst- und Lagersorten ab April/Mai direkt aufs Beet; mindestens 4 Jahre Anbaupause einhalten, auch zu anderem Kohlgemüse, Rettich und Spinat
**Boden:** humos, lehmig, nicht zu trocken, kalkhaltig
**Pflegen:** Starkzehrer; Boden vor der Pflanzung mit Kompost anreichern; für gleichmäßige Bodenfeuchte sorgen; nicht über die Blätter gießen; während der Wachstumszeit drei- bis viermal mit Pflanzenjauchen oder flüssigem organischen Dünger düngen; mulchen
**Ernten:** sobald sich feste Köpfe gebildet haben (ca. 5 Monate nach dem Pflanzen)
**Inhaltsstoffe:** viel Vitamin C, Fruchtsäuren, Anthocyane
**Sonstige Sorten/Arten:** 'Allrot' (für Früh- und Spätanbau, lagerfähig), 'Marner Frührot' (Frühsorte), 'Marner Lagerrot' (bewährte Lagersorte)

Topfhaltung möglich · lagerfähig · kann eingefroren werden · kann eingemacht werden

## (Busch-)Bohne

*Phaseolus vulgaris* var. *nanus*

**PFLANZABSTAND:** 40 x 40 cm
**ERNTEZEIT:** Juli – Oktober
**Hülsenfrucht**

**Familie:** Schmetterlingsblütler (*Leguminosae*)
**Anbauen:** Aussaat unter Glas in Töpfe ab April, ab Mitte Mai auspflanzen; Aussaat direkt ins Freie ab Mitte Mai, jeweils 4–6 Samen zusammen ca. 3 cm tief stecken; 3 Jahre Anbaupause, auch zu anderen Hülsenfrüchten
**Boden:** locker, humos, durchlässig, kalkhaltig
**Pflegen:** Schwachzehrer; Pflanzen an der Stängelbasis mit Erde anhäufeln, dann sind sie standfester; Hülsenfrüchte reichern den Boden mit Stickstoff an, daher abgeerntete Pflanzen abschneiden und die Wurzeln im Boden lassen
**Ernten:** ca. 10 Wochen nach der Aussaat erntereif; laufend ernten, junge Bohnen sind am zartesten; nur gekocht verwenden, roh in größeren Mengen giftig
**Inhaltsstoffe:** Mineralstoffe (v. a. Kalium), Enzyme, Lignane
**Sonstige Sorten/Arten:** 'Annabelle' (grünhülsig), 'Negra' (zarte Filetbohne), 'Purple Teepee' (blauhülsig), 'Valdor' (gelbhülsig)

## Erbse

*Pisum sativum*

**PFLANZABSTAND:** 40 x 5 cm
**ERNTEZEIT:** Mai/Juni – August
**Hülsenfrucht**

**Familie:** Schmetterlingsblütler (*Leguminosae*)
**Anbauen:** Aussaat direkt ins Freie ab Mitte März (Schal- und Zuckererbsen), ab Mitte April (Markerbsen); 3–6 Samen zusammen ca. 5 cm tief stecken; 3–4 Jahre Anbaupause, auch zu anderen Hülsenfrüchten
**Boden:** humos, durchlässig, locker
**Pflegen:** Schwachzehrer; Pflanzen an der Stängelbasis anhäufeln, dann sind sie standfester; höhere Sorten mit Reisig oder Maschendraht stützen; abgeerntete Pflanzen abschneiden und die Wurzeln zur Stickstoffanreicherung im Boden lassen
**Ernten:** ca. 10 Wochen nach Aussaat erntereif; Zuckererbsen samt Schote, von Mark- und Schalerbsen Samen ernten; roh in größeren Mengen giftig
**Inhaltsstoffe:** Vitamin B, Eiweiß, Ballaststoffe, Zucker
**Sonstige Sorten/Arten:** Zuckererbse 'Norli' (niedrige, frühe Sorte, auch für Topfkultur), Schalerbse 'Kleine Rheinländerin' (niedrige, mittelfrühe Sorte, auch für Topfkultur), Markerbse 'Markana' (späte Sorte)

## Knoblauch

*Allium sativum*

**PFLANZABSTAND:** 10 x 5 cm
**ERNTEZEIT:** Juli – September
**Zwiebelgemüse**

**Familie:** Liliengewächse (*Liliaceae*)
**Anbauen:** die Zehen der Wintersorten werden im Oktober, Frühjahrssorten im März ca. 5 cm tief in den Boden gesteckt; Anbaufläche von Jahr zu Jahr wechseln, auch keine anderen Zwiebelgemüse im nächsten Jahr auf den Beeten anbauen
**Boden:** humos, locker, keine nassen, schweren Böden
**Pflegen:** Mittelzehrer; anspruchslos; in der Mischkultur ein idealer Partner zu Möhren; kann auch gut zwischen Erdbeeren gesteckt werden; nicht mehr gießen, wenn das Laub anfängt gelb zu werden
**Ernten:** die Zehen ernten, wenn das untere Drittel der Pflanzen gelb wird und einzutrocknen beginnt; zum Lagern gut trocknen
**Inhaltsstoffe:** Kohlenhydrate, Mineralstoffe, Proteine, Vitamine, Senföle
**Sonstige Sorten/Arten:** Knobiflirt oder Zimmerknoblauch (*Tulbaghia violacea*) ist auch gut für die Topfhaltung geeignet und kann ebenso wie Bärlauch (*Allium ursinum*) auch im Halbschatten angebaut werden

## Küchenzwiebel

*Allium cepa*

**PFLANZABSTAND:** 20 x 5 cm
**ERNTEZEIT:** Juli – August
**Zwiebelgemüse**

**Familie:** Liliengewächse (*Liliaceae*)
**Anbauen:** am besten junge Steckzwiebeln ab Ende März direkt ins Beet stecken (Aussaat dauert deutlich länger); Sorten zum Überwintern Mitte August aussäen, Ernte dann ab April; mindestens 5 Jahre Anbaupause, auch zu anderem Zwiebelgemüse
**Boden:** locker, humos, durchlässig
**Pflegen:** Mittelzehrer; bei Trockenheit gießen; Boden zwischen den Reihen vorsichtig lockern (Wurzeln liegen dicht unter der Oberfläche)
**Ernten:** Zwiebelgrün laufend ab den Austreiben, jedoch immer nur 1–2 Stängel pro Zwiebel; erste Zwiebeln schon ab Juni, Haupternte (zum Einlagern), wenn das Laub welkt; zum Lagern erst auf dem Beet gut abtrocknen lassen, dann in flachen Kisten lagern oder in Zöpfen aufhängen
**Inhaltsstoffe:** Fruchtsäuren, Senföle
**Sonstige Sorten/Arten:** 'Centurion' (gelbschalig, schossfest, lagerfähig), 'Exhibition' (große, milde Gemüsezwiebel), 'Presto' (Wintersorte), 'Romy' (rotschalige Wintersorte), 'Stuttgarter Riesen' (Frühsorte)

## Lauch, Porree

*Allium porrum*

**PFLANZABSTAND:** 30 x 15 cm
**ERNTEZEIT:** Juni – April
**Zwiebelgemüse**

**Familie:** Liliengewächse (*Liliaceae*)
**Anbauen:** Pflanzung vorgezogener Jungpflanzen ab Mitte April (Sommersorten) mit Vliesabdeckung bis Mitte Mai, im Mai/Juni (Herbstsorten), im August (Wintersorten); tief setzen, immer wieder anhäufeln; 3 Jahre Anbaupause, auch zu anderem Zwiebelgemüse
**Boden:** tiefgründig, humos, locker
**Pflegen:** Starkzehrer; vor der Pflanzung Kompost oder verrotteten Stallmist einarbeiten, zweimal mineralisch nachdüngen; Winterporree vor Frosteintritt gut anhäufeln und mit Reisig oder Vlies abdecken
**Ernten:** Sommersorten vor dem Frost ernten, Wintersorten können mit Abdeckung auf dem Beet bleiben; Pflanzen mit Spaten oder Grabegabel anheben, aus der Erde ziehen und Wurzeln abschneiden
**Inhaltsstoffe:** Mineralstoffe, Vitamine, Senföle, Fruchtsäuren
**Sonstige Sorten/Arten:** 'Alaska' (Wintersorte), 'Elefant' (Herbstsorte), 'Hilari' (Frühsorte), 'Herbstriesen' (Sommer- und Herbstsorte)

## Winterheckzwiebel

*Allium fistulosum*

**PFLANZABSTAND:** 40 x 40 cm
**ERNTEZEIT:** März – November
**Zwiebelgemüse**

**Familie:** Liliengewächse (*Liliaceae*)
**Anbauen:** Aussaat ab April direkt aufs Beet; von April bis Juni Brutzwiebeln von älteren Pflanzen abnehmen und büschelweise setzen
**Boden:** locker, durchlässig
**Pflegen:** Schwachzehrer; bei Trockenheit gießen; die mehrjährigen Zwiebelstöcke alle 3–4 Jahre teilen und neu pflanzen
**Ernten:** bereits ab März kann das erste Zwiebelgrün geschnitten werden und auch noch lange in den Winter hinein werden grüne »Schlotten« gebildet; in erster Linie werden die Blätter geerntet, die wie Schnittlauch verwendet werden; die Zwiebeln (manche Sorten bilden gar keine Zwiebeln aus) sind aber auch essbar
**Inhaltsstoffe:** Fruchtsäuren, Senföle
**Sonstige Sorten/Arten:** 'Evergreen Bunching' (bildet keine Zwiebeln aus), 'Mythos' (besonders frosthart), 'Winterhecke' (bildet keine Zwiebeln aus); Lauchzwiebeln können wie Winterheckzwiebeln gesät werden; sie bilden keine Zwiebeln, nur Laub und Schaft werden geerntet

## Knollenfenchel

*Foeniculum vulgare* var. *azoricum*

**PFLANZABSTAND:** 30 x 20 cm
**ERNTEZEIT:** Juli – September
**Knollengemüse**

**Familie:** Doldenblütler (*Umbelliferae*)
**Anbauen:** Aussaat von Mitte Mai bis Anfang Juli in Reihen direkt ins Freie, 1,5–2 cm tief, zu dicht stehende Pflanzen auf ca. 20 cm Abstand vereinzeln; vorgezogene Jungpflanzen ab Mitte Mai pflanzen; mindestens 3 Jahre Anbaupause einhalten, auch zu anderen Doldenblütlern
**Boden:** humos, weder zu leichte noch zu schwere, nasse Böden
**Pflegen:** Mittelzehrer; Boden vor der Pflanzung mit Kompost versorgen
**Ernten:** sobald die Knolle groß genug ist, spätestens jedoch Ende Oktober/Anfang November; Knollen mit Laub, Stroh oder Vlies abdecken, wenn erste Nachtfröste drohen; mit zunehmender Größe verlieren die Knollen ihr gutes Aroma; Bläter zum Würzen verwenden
**Inhaltsstoffe:** Mineralstoffe ( v.a. Kalium, Magnesium, Eisen), Vitamin C, Provitamin A (Karotin), ätherische Öle, Fruchtsäuren
**Sonstige Sorten/Arten:** 'Rudy' (schossfeste Frühsorte), 'Selma' (für ganzjährigen Anbau)

## Knollensellerie

*Apium graveolens*

**PFLANZABSTAND:** 40 x 40 cm
**ERNTEZEIT:** Sept. – Okt.
**Knollengemüse**

**Familie:** Doldenblütler (*Umbelliferae*)
**Anbauen:** Pflanzung vorgezogener Jungpflanzen ins Freie frühestens ab Mitte Mai; nicht zu tief setzen, die Knollen entwickeln sich zum Teil oberirdisch; mindestens 2 Jahre Anbaupause einhalten, auch zu anderen Doldenblütlern
**Boden:** humos, etwas schwerer, gut Wasser speichernd
**Pflegen:** Starkzehrer; Boden vor der Pflanzung mit Kompost oder chloridhaltigem Kaliumdünger versorgen; mulchen; Knolle mit etwas Salz umstreuen, dann wächst sie besser; bei Mangelerscheinungen Bordünger (»Borax«) geben
**Ernten:** Laub zum Würzen fortlaufend; Knolle im Oktober vor den ersten Frösten; zum Lagern (in mit Sand gefüllten Kisten) Laub auf ca. 5 cm abschneiden
**Inhaltsstoffe:** Mineralstoffe, ätherische Öle
**Sonstige Sorten/Arten:** 'Bergers weiße Kugel' (schossfest, große Knollen), 'Ibis' (schossfest, auch für Frühanbau) 'Monarch' (gut zum Einlagern)

## Möhre, Karotte

*Daucus carota* ssp. *sativus*

**PFLANZABSTAND:** 25 x 10 cm
**ERNTEZEIT:** Juni – Oktober
**Wurzelgemüse**

**Familie:** Doldenblütler (*Umbelliferae*)
**Anbauen:** Aussaat von März bis Mitte Juli in Reihen mit 25 cm Abstand direkt aufs Beet, 1–2 cm tief, auf ca. 10 cm Abstand vereinzeln; mindestens 3 Jahre Anbaupause einhalten, auch zu anderen Doldenblütlern
**Boden:** locker, leicht, sandig, humos
**Pflegen:** Mittel- bis Starkzehrer; vertragen keinen frischen organischen Dünger; für gleichmäßige Bodenfeuchte sorgen, damit die Möhren nicht platzen; aus dem Boden schauende Möhren mit Erde bedecken, sie werden sonst grün
**Ernten:** frühe Sorten nach 3–4 Monaten laufend ernten, sobald die Möhren groß genug sind; Lagersorten so lange wie möglich im Boden lassen, das verbessert das Aroma
**Inhaltsstoffe:** Mineralstoffe (v. a. Kalium, Eisen), Provitamin A (Karotin), ätherische Öle, Fruchtsäuren
**Sonstige Sorten/Arten:** 'Almaro' (Frühsorte, zuckersüß), 'Gonsenheimer Treib' (Frühsorte), 'Laguna' (schnellwüchsig, lagerfähig) 'Rothild' (späte Lagersorte)

 Sonne · Halbschatten · Schatten · viel gießen · mäßig gießen · wenig gießen

## Radieschen

*Raphanus sativus* var. *sativus*

**PFLANZABSTAND:** 10 x 5 cm
**ERNTEZEIT:** April – September
**Wurzelgemüse**

**Familie:** Kreuzblütler (*Cruciferae*)
**Anbauen:** Aussaat von Frühjahrs- und Sommersorten von März bis August in Reihen direkt ins Beet, max. 1 cm tief, nach dem Aufgehen auf 5 cm vereinzeln; bei wöchentlicher Aussaat kann laufend geerntet werden; mindestens 3 Jahre Anbaupause einhalten, auch zu anderen Kreuzblütlern und Kohlgemüse
**Boden:** humos, locker
**Pflegen:** Schwachzehrer; für gleichmäßige Bodenfeuchte sorgen; eignet sich gut als Folge-, Zwischen- und Markiersaat
**Ernten:** unter Vlies oder Folientunnel kann im Frühjahr bereits 6 Wochen nach der Aussaat geerntet werden, im Sommer Ernte schon 4 Wochen nach der Saat
**Inhaltsstoffe:** Fruchtsäuren, Senföle
**Sonstige Sorten/Arten:** 'Eiszapfen' (zylindrische, weiße Frühjahrs- und Herbstsorte), 'Fanal' (runde, rote Frühjahrs- und Herbstsorte), 'French Breakfast' (längliche, rot-weiße Frühjahrs- und Herbstsorte), 'Riesenbutter'(große, runde, rote Sorte)

## Rettich

*Raphanus sativus* var. *niger*

**PFLANZABSTAND:** 20 x 15 cm
**ERNTEZEIT:** Juni – Oktober
**Wurzelgemüse**

**Familie:** Kreuzblütler(*Cruciferae*)
**Anbauen:** Aussaat der Sommersorten ab April, Herbst-/Wintersorten bis August in Reihen direkt ins Beet, 2–3 cm tief, nach dem Aufgehen auf 15 cm vereinzeln; mindestens 3 Jahre Anbaupause einhalten, auch zu anderen Kreuzblütlern und Kohlgemüse
**Boden:** leicht, locker, humusreich
**Pflegen:** Starkzehrer; Boden vor der Aussaat gut mit Kompost versorgen; Boden gleichmäßig feucht halten
**Ernten:** frühe Sorten unter Vlies oder Folientunnel sind schon ab Juni erntereif, Rettiche nicht zu groß werden lassen, sie werden sonst hart und holzig; Wintersorten ab Oktober erntereif, auf jeden Fall abernten, bevor sich das Laub gelblich verfärbt, in mit Sand gefüllten Kisten gut lagerfähig
**Inhaltsstoffe:** Fruchtsäuren, Senföle
**Sonstige Sorten/Arten:** 'April Cross' (schossfeste Frühsorte), 'Hilds Blauer Herbst und Winter' (Spätsorte),'Neptun'(weiß, groß, pikant würzig, tolerant gegen Rettichschwärze), 'Runder Schwarzer Winter' (gut lagerfähige Spätsorte)

## Rote Bete, Rote Rübe

*Beta vulgaris* var. *vulgaris*

**PFLANZABSTAND:** 25 x 8 cm
**ERNTEZEIT:** August – Oktober
**Wurzelgemüse**

**Familie:** Gänsefußgewächse (*Chenopodiaceae*)
**Anbauen:** Aussaat von Ende April bis Juni direkt ins Beet, 2–3 cm tief, Saatgut fest drücken, nach dem Aufgehen auf ca. 8 cm vereinzeln (bei einsamigem Saatgut entfällt das Vereinzeln); ab Mai vom Gärtner vorgezogene Jungpflanzen setzen; mindestens 2 Jahre Anbaupause einhalten, auch zu anderen Gänsefußgewächsen
**Boden:** humos, tiefgründig, nicht zu schwer, nicht zu kalkreich
**Pflegen:** Starkzehrer; Boden vor der Aussaat bzw. Pflanzung mit Kompost anreichern; Boden gleichmäßig feucht halten
**Ernten:** ab August erntereif für den Sofortverzehr; zum Einlagern nicht vor Ende Oktober ernten, Blätter abdrehen und in mit Sand gefüllten Kisten lagern
**Inhaltsstoffe:** Mineralstoffe (v. a. Kalium), Vitamin C, organische Säuren
**Sonstige Sorten/Arten:** 'Ägyptische Plattrunde' (Sommersorte), 'Burpees Golden' (alte, gelbe Sorte, süß-aromatisch), 'Rote Kugel'(Frühsorte)

## Aubergine, Eierfrucht
*Solanum melongena*

**PFLANZABSTAND:** 50 x 50 cm
**ERNTEZEIT:** Juni – September
**Fruchtgemüse**

**Anbauen:** Aussaat im Gewächshaus im Februar, nach 2 Wochen vereinzeln, ab April verpflanzen; ins Freie erst ab Ende Mai; gleich mit Stab einpflanzen, ähnlich wie Tomaten; Standort regelmäßig wechseln, nicht als Folgekultur von Tomaten oder Kartoffeln pflanzen
**Boden:** humos, tiefgründig, nährstoffreich
**Pflegen:** Starkzehrer; Boden vor dem Pflanzen mit Kompost versorgen; 2 Wochen nach dem Pflanzen mit organischem Dünger nachdüngen; aufbinden; nicht von oben gießen; Haupttrieb nach dem ersten Fruchtansatz einkürzen, überzählige Blätter und Triebe entfernen
**Ernten:** ca. 3 Monate nach der Pflanzung erntereif; Früchte mit Blütenkelch und Stiel ernten
**Inhaltsstoffe:** Mineralstoffe, Vitamine
**Sonstige Sorten/Arten:** 'Bonica' (dunkelviolette Früchte), 'Golden Eggs' (weiße, hühnereigroße Früchte), 'Madonna'( dunkelviolette Früchte, für Topfhaltung), 'Sito' (frühtragend, violette Früchte)

## Gemüse-Paprika
*Capsicum annuum*

**PFLANZABSTAND:** 40 x 60 cm
**ERNTEZEIT:** Juli – September
**Fruchtgemüse**

**Anbauen:** Aussaat am Fensterbrett oder im Gewächshaus ab März, nach ca. 2 Wochen einzeln in Töpfe setzen; ab Mitte Mai auspflanzen, tief setzen; 3–4 Jahre Anbaupause einhalten, auch zu Tomaten und Kartoffeln
**Boden:** tiefgründig, humos, nährstoffreich, leicht erwärmbar
**Pflegen:** Starkzehrer; den Boden vor der Pflanzung mit Kompost oder verrottetem Stallmist versorgen, 2–3 Mal nachdüngen; höhere Sorten an Stäben aufbinden
**Ernten:** ab Juli können schon die ersten grünen Früchte von allen Sorten geerntet werden, wenn sie ausreichend groß sind; voll ausgereifte, je nach Sorte rote oder gelbe Früchte sind jedoch Vitamin-C-reicher
**Inhaltsstoffe:** Mineralstoffe (v. a. Eisen), viel Vitamin C, Karotine
**Sonstige Sorten/Arten:** 'Fireflame' (schlanke, rote Früchte), 'Golden Bell' (gelbe Früchte), 'Goldflame' (orangefarbene Früchte, für Topfhaltung), 'Liebesapfel' (rote, tomatenförmige Früchte), 'Monte' (hellgrüne Früchte), 'Pusztagold' (gelbe Früchte)

## Gurke
*Cucumis sativus*

**PFLANZABSTAND:** 120 x 30 cm
**ERNTEZEIT:** Juli – September
**Fruchtgemüse**

**Anbauen:** Aussaat ab April in Töpfe im Gewächshaus und ab Ende Mai auspflanzen oder ab Ende Mai direkt ins Freie säen und später vereinzeln; mindestens 3 Jahre Anbaupause
**Boden:** humos, locker, leicht erwärmbar, nährstoffreich
**Pflegen:** Starkzehrer; Boden vor dem Pflanzen mit Kompost versorgen; für gleichmäßige Bodenfeuchte sorgen, nicht mir kaltem Wasser gießen; mulchen; Salatgurken an Drahtgittern oder Schnüren hochziehen
**Ernten:** Salat- bzw. Schlangengurken sind ca. 2 Wochen nach der Blüte erntereif; Einlegegurken je nach gewünschter Größe ernten; vorsichtig am Stängel abdrehen; gelb gewordene Früchte können als »Senfgurken« eingelegt werden
**Inhaltsstoffe:** Mineralstoffe, Vitamine, Fruchtsäuren
**Sonstige Sorten/Arten:** 'Amber' (Einlegegurke), 'Belcanto' (Bitterstoff freie Salatgurke), 'Delikatess' (jung als Einlegegurke, ausgewachsen als Salatgurke zu verwenden), 'Sudica' (ertragreiche Schlangengurke)

## Kürbis

*Cucurbita pepo*

**PFLANZABSTAND:** 1,50 x 2,5 m
**ERNTEZEIT:** Oktober
**Fruchtgemüse**

**Anbauen:** Aussaat ab März im Gewächshaus, ab Mai auspflanzen oder ab Mitte Mai direkt ins Freie säen; gedeiht gut am Fuß eines Komposthaufens, auf Hoch- und Hügelbeeten
**Boden:** humos, nährstoffreich, warm
**Pflegen:** Starkzehrer; gut mit Kompost versorgen; für gleichmäßige Bodenfeuchte sorgen; mulchen, Seitentriebe bei 60–100 cm einkürzen; Holzbrettchen oder Stroh unter die Früchte legen, damit sie nicht faulen
**Ernten:** vor dem ersten Frost, vollreif ernten (wenn der Stiel verholzt und die Frucht beim Dranklopfen hohl klingt); auch die Blüten sind essbar
**Inhaltsstoffe:** Mineralstoffe (v. a. Kalium), Vitamin C, Provitamin A (Karotin)
**Sonstige Sorten/Arten:** 'Big Max' (braungelber Riesenkürbis, bis 100 kg schwer), 'Buttercup' (flach-rund, dunkelgrün, mit Muskataroma), 'Chioggia' (flachrund, dunkelgrün genoppt), 'Roter Hokkaido' (zwiebelförmig, orangerot, sehr aromatisch auch Carotakürbis genannt), Spaghettikürbisse (mit länglichen Früchten und faserigem Feisch)

## Tomate

*Lycopersicon esculentum* var. *esculentum*

**PFLANZABSTAND:** 50 x 80 cm
**ERNTEZEIT:** Juli – Oktober
**Fruchtgemüse**

**Anbauen:** Aussaat Ende Februar/Anfang März unter Glas, in Töpfe vereinzeln, ab Ende April im Gewächshaus pflanzen, ins Freie erst ab Ende Mai; tief setzen, Stütze gleich mit einsetzen; Standort jährlich wechseln
**Boden:** humos, nährstoffreich
**Pflegen:** Starkzehrer; Boden mit Kompost anreichern; an Stäben aufbinden; Triebe in den Blattachseln regelmäßig ausbrechen; ab Fruchtansatz Spitze des Haupttriebes einkürzen (Ausnahme: Buschtomaten); überzählige Blätter entfernen; nicht von oben auf die Pflanzen gießen; nach der Pflanzung und im Juli düngen; in ungünstigen Gegenden mit Tomatenhauben abdecken
**Ernten:** ab Juli laufend vollreife Früchte abnehmen, grüne Früchte sind roh giftig!
**Inhaltsstoffe:** Mineralstoffe, Vitamine, Zucker, Fruchtsäuren
**Sonstige Sorten/Arten:** in verschiedenen roten und gelben, groß- und kleinfrüchtigen Sorten als Cocktail-, Eier-, Flaschen-, Kirsch- oder Stabtomaten erhältlich

## Zucchini

*Cucurbita pepo* var. *melopepo*

**PFLANZABSTAND:** 80 x 80 cm
**ERNTEZEIT:** Juli – September
**Fruchtgemüse**

**Anbauen:** Aussaat in Töpfe im Gewächshaus ab April, ab Mitte Mai auspflanzen oder direkt ab Mitte Mai ins Freie säen; gedeiht besonders gut auf Hoch- und Hügelbeeten
**Boden:** humos, nährstoffreich
**Pflegen:** Starkzehrer; Boden gut mit Kompost anreichern; während des Wachstums zweimal mit Volldünger oder Kompost versorgen; nicht von oben auf die Blätter gießen; für gleichmäßige Bodenfeuchte sorgen; mulchen
**Ernten:** ca. 4 Wochen nach dem Pflanzen schon erntereif; Früchte von ganz klein bis max. 20 cm Länge ernten, sie schmecken dann nussartig, größere Früchte werden immer fader im Geschmack; auch die Blüten sind essbar (frittieren oder in Teig ausbacken oder zur Dekoration)
**Inhaltsstoffe:** Mineralstoffe, Vitamine
**Sonstige Sorten/Arten:** 'Ambassador' (buschig, grün), 'Black Forest' (kletternd, grün), 'Bonito' (cremeweiß), 'Diamant' (früher Erntebeginn, grüne Früchte), 'Gold Rush' (goldgelb), 'Rondini' (klein, rund, gelb)

Topfhaltung möglich · lagerfähig · kann eingefroren werden · kann eingemacht werden

# Leckeres und vitaminreiches Obst

Obstbäume und Beerensträucher als Lieferanten von aromatischen Früchten sind nahezu in jedem Garten – und sogar als Kübelbewohner auf Terrassen und Balkonen – Garanten für kulinarische Genüsse.

**Beim** Kern- und Steinobst, das in Form von größeren oder kleineren Bäumen wächst, haben Sie die Auswahl zwischen gängigem »Allerweltsobst« wie Äpfeln, Birnen, Pflaumen und Zwetschgen in diversen früh- und spätreifenden Sorten und etwas ausgefalleneren Arten wie Aprikosen, Mirabellen oder Renekloden.

Das meist pflegeleichte Beerenobst lässt erst recht keine Wünsche offen: Platzsparender in der Unterbringung reicht die Palette von Beerensträuchern, wie Johannis- oder Stachelbeere über kletterndes Beerenobst, wie Kiwi und Weinreben bis hin zu »Boden- oder Topfbeeren« wie Erdbeeren oder Kultur-Heidelbeeren.

*Als Spalierbaum an einer warmen Mauer bringen auch Wärme liebende Birnensorten reiche Erträge.*

## Apfel

*Malus sylvestris*

**HÖHE:** 2–8 m
**STANDRAUM:** max. 20 m²
**ERNTEZEIT:** Juli – Oktober

**Kernobst**

**Anbauen:** Herbst- oder Frühjahrspflanzung; meist selbstunfruchtbar, am besten eine andere Sorte als Pollenspender pflanzen
**Boden:** humusreich, lehmig, tiefgründig, feucht
**Pflegen:** bei Jungbäumen Baumscheibe feucht und locker halten, bei starkem Fruchtbehang Äste abstützen und wöchentlich mit Pflanzenjauche düngen; Weißanstrich im Winter; regelmäßiger Auslichtungsschnitt
**Ernten:** ja nach Sorte von Juli (z. B. Klarapfel) bis Oktober (z. B. Boskoop); Hochstämme tragen erst mit ca. 10 Jahren, Halbstämme mit 7 Jahren, Spindelbüsche im 2. Jahr nach der Pflanzung; reife Äpfel lassen sich leicht am Stiel abdrehen
**Inhaltsstoffe:** Fruchtzucker, Vitamin A und C, Pektin, Kalzium, Kalium, Eisen
**Sonstige Sorten/Arten:** frühe Sorten z. B. 'Arkane', 'Klarapfel'; Sommeräpfel z. B. 'Alkmene', 'Cox Orange', 'Gloster', 'Idared', 'Jonagold'; späte Sorten z. B. 'Boskoop' (→ Abb. Roter Boskoop), 'Elstar', 'Ontàrio'

 Sonne · Halbschatten · Schatten · viel gießen · mäßig gießen · wenig gießen

## Aprikose, Marille

*Prunus armeniaca*

**HÖHE:** 1,5–4 m
**STANDRAUM:** ca. 15 m²
**ERNTEZEIT:** Juli – August

**Steinobst**

**Anbauen:** Herbst- oder Frühjahrspflanzung; Holz und Blüte sind frostgefährdet, daher eignen sich leicht geneigte Nordhänge am besten, weil die Bäume dort nicht so früh austreiben; als Spalierbaum am ertragreichsten; selbstbefruchtend
**Boden:** locker, lehmig, ausreichend durchfeuchtet
**Pflegen:** nach der Ernte nach innen wachsende und sparrige, alte Triebe und Äste abschneiden; Stämme im Winter kalken; Spalierbäume an Wänden und Mauern im Frühjahr gegen Sonneneinstrahlung schützen, damit sie nicht so früh austreiben (wegen Frostgefahr für die Blüten)
**Ernten:** ab Juli immer mal wieder eine Frucht probieren; nur vollreife Früchte schmecken aromatisch süß und lassen sich leicht vom Stein lösen
**Inhaltsstoffe:** Fruchtsäuren, Karotin, Kalium, Vitamine, Fruchtzucker
**Sonstige Sorten/Arten:** 'Heidesheimer Frühe'(Erntezeit Juli), 'Mombacher Frühe' (Erntezeit Juli), 'Nancy-Aprikose' (Erntezeit August)

## Birne

*Pyrus communis*

**HÖHE:** 2–8 m
**STANDRAUM:** ca. 5–12 m²
**ERNTEZEIT:** August – Oktober

**Kernobst**

**Anbauen:** Herbst- oder Frühjahrspflanzung; bessere und zuverlässigere Ausreife der Früchte als Spalierbaum; selbstunfruchtbar, braucht eine andere Sorte als Pollenspender
**Boden:** tiefgründig, nährstoffreich, warm, nicht zu kalkhaltig, geschützt
**Pflegen:** bei Jungbäumen Baumscheibe mulchen und feucht halten; am Spalier regelmäßig zurückschneiden; nach innen wachsende mehrjährige Äste abschneiden
**Ernten:** Birnen auf Quittenunterlagen tragen erst ab dem 4. Standjahr, auf Sämlingsunterlagen erst ab dem 6. Jahr; am besten einige Tage vor der Vollreife ernten, die meisten Sorten werden schnell teigig, je nach Sortenreife immer mal wieder eine Birne auf Reife probieren
**Inhaltsstoffe:** Vitamine, Fruchtzucker, Pektin, Kalium, Kalzium, Eisen
**Sonstige Sorten/Arten:** 'Conference' (→ Abb., Erntezeit Ende Sept.), 'Frühe aus Trevoux' (Erntezeit Anfang August), 'Gräfin von Paris' (Erntezeit Ende Oktober)

## Mirabelle

*Prunus domestica* ssp. *syriaca*

**HÖHE:** 1,5–6 m
**STANDRAUM:** ca. 20 m²
**ERNTEZEIT:** August/September

**Steinobst**

**Anbauen:** Herbst- oder Frühjahrspflanzung; in kühlen Lagen am besten erst im Frühjahr pflanzen; selbstfruchtbar
**Boden:** sandig-lehmig, durchlässig, gut durchlüftet, etwas feucht
**Pflegen:** starkwüchsige Bäume gelegentlich auslichten; bei viel Regen platzen die Früchte oftmals auf
**Ernten:** fruchten nach 4–6 Jahren, je nach Unterlage; sehr ertragreich; Mirabellen bekommen rötliche Punkte, wenn sie vollreif sind, vollreife Früchte schnell verwerten, sie faulen leicht; zum Einmachen lieber nicht ganz ausgereift ernten, der Geschmack ist dann kräftiger
**Inhaltsstoffe:** Vitamin C, Fruchtzucker, Fruchtsäuren
**Sonstige Sorten/Arten:** auf Scharka (= Virose) resistente Sorten achten; 'Nancy Mirabelle'(→ Abb., hell- bis goldgelbe, kleine Früchte, Scharka resistent, liefert sichere und hohe Erträge), 'Bellamira' (gelbgrüne, platzfeste Früchte mit relativ hohem Zuckergehalt)

Topfhaltung möglich · lagerfähig · kann eingefroren werden · kann eingemacht werden

## Pfirsich

*Prunus persica*

**HÖHE:** 2–6 m
**STANDRAUM:** ca. 15 m$^2$
**ERNTEZEIT:** Juli – September

**Steinobst**

**Anbauen:** Frühjahrspflanzung an möglichst windgeschütztem Standort; nur für klimatisch milde Gegenden geeignet; meist selbstbefruchtend, jedoch sicherere Erträge, wenn eine zweite Sorte gepflanzt wird
**Boden:** nährstoffreich, humos, keine Staunässe oder extreme Trockenheit, aber ausreichend feucht, durchlässig
**Pflegen:** regelmäßiger Schnitt im Frühjahr, da die Bäume nur an den letztjährigen Trieben Blüten und Früchte ausbilden; bei zu starkem Behang Fruchtbesatz ausdünnen; bei Fruchtausbildung auf gleichmäßige Wasserversorgung achten
**Ernten:** im Frühjahr gepflanzte Bäume bringen im selben Jahr schon Früchte; Reife je nach Sorte; sorgsam pflücken, Druckstellen faulen
**Inhaltsstoffe:** Fruchtsäuren, Fruchtzucker, Karotin und Kalzium
**Sonstige Sorten/Arten:** es gibt gelb- und weißfleischige Sorten; 'Früher Roter Ingelheimer' (Erntezeit Juli), 'Roter Ellerstädter' (Erntezeit Sept.), 'South Haven'(Erntezeit August)

## Pflaume

*Prunus domestica*

**HÖHE:** 2–8 m
**STANDRAUM:** ca. 20 m$^2$
**ERNTEZEIT:** August – Sept.

**Steinobst**

**Anbauen:** Herbst- oder Frühjahrspflanzung; die meisten Sorten sind selbstbefruchtend; anfangs sehr starkwüchsig, später wächst der Baum eher mäßig, die Krone bleibt relativ klein
**Boden:** humos, sandig-lehmig, gut durchlüftet, nährstoffreich, feucht
**Pflegen:** relativ pflegeleicht; bei reichem Fruchtbehang Äste stützen; zu dicht stehende, verkahlte oder hängende Äste abschneiden; Jungtriebe auf die Hälfte einkürzen, das fördert die Verjüngung der Krone
**Ernten:** vollreif, wenn der Fruchtstiel leicht runzelig ist; zum sofortigen Verzehr oder Einfrieren etwas eher ernten, dann aber abpflücken; für Marmelade, Mus und Saft vollreife Früchte verwenden, die geschüttelt werden können
**Inhaltsstoffe:** Fruchtzucker, Vitamine
**Sonstige Sorten/Arten:** 'Ruth Gerstetter' (Erntezeit Juli, Pollenspender 'Ersinger Frühzwetsche'), 'Ontario'-pflaume' (Erntezeit August, goldgelbe Früchte, selbstbefruchtend)

## Quitte

*Cydonia oblonga*

**HÖHE:** 2–5 m
**STANDRAUM:** ca. 5–25 m$^2$
**ERNTEZEIT:** Oktober

**Kernobst**

**Anbauen:** Herbst- oder Frühjahrspflanzung; selbstbefruchtend; beim Pflanzen sollte die Veredelungsstelle mit dem Bodenniveau abschließen
**Boden:** durchlässig, nicht zu kalkhaltig, warm, nicht zu trocken, aber auch keinesfalls staunass
**Pflegen:** anspruchslos; gelegentlich alte Äste und Zweige auslichten; Quitten tragen an jungem Holz
**Ernten:** bringt 2–3 Jahre nach der Pflanzung die erste richtige Ernte; kann bis zu den ersten Frösten am Baum hängen bleiben; die pelzigen Früchte sind hart und können nur gekocht (Saft, Marmelade oder Gelee) genossen werden; nicht mit anderen Früchten zusammen lagern, da sie deren Geschmack beeinflussen
**Inhaltsstoffe:** Vitamin C, viel Pektin, Fruchtzucker
**Sonstige Sorten/Arten:** 'Bereczki-Quitte' (birnenförmig, nicht so hart, daher leichter zu verarbeiten), 'Konstantinopel' (apfelförmig, robust und anspruchslos, hellgelb), 'Meech's Prolific'(birnenförmig, goldgelb)

 Sonne · Halbschatten · Schatten · viel gießen · mäßig gießen · wenig gießen

## Reneklode

*Prunus domestica* ssp. *italica*

**HÖHE:** 2–8 m
**STANDRAUM:** ca. 20 m$^2$
**ERNTEZEIT:** August – Sept.

**Steinobst**

**Anbauen:** Herbst- oder Frühjahrspflanzung; die meisten Sorten sind selbstunfruchtbar und benötigen einen Pollenspender
**Boden:** sandig-lehmig, durchlässig, etwas feucht, aber gut durchlüftet
**Pflegen:** regelmäßig auslichten; zu dicht stehende, oder alte und verkahlte Äste herausschneiden, Jungtriebe auf die Hälfte zurückschneiden; bei starkem Fruchtansatz Äste stützen oder grüne Früchte ausdünnen, dann werden die anderen größer und aromatischer; Scharka resitente Sorten pflanzen
**Ernten:** zum Einwecken noch nicht voll ausgereifte Früchte ernten; vollreife Früchte (probieren!) sofort weiterverarbeiten, da sie schnell faulen
**Inhaltsstoffe:** Fruchtzucker, Fruchtsäuren, Vitamin C, Karotin
**Sonstige Sorten/Arten:** 'Große Grüne' (Erntezeit August/September, reif violettrot), 'Graf Althans' (Erntezeit September, gelbgrün), 'Oullins Reneclaude' (→ Abb., Erntezeit August, selbstbefruchtend)

## Sauerkirsche

*Prunus cerasus*

**HÖHE:** 2–10 m
**STANDRAUM:** ca. 10–15 m$^2$
**ERNTEZEIT:** Juli – August

**Steinobst**

**Anbauen:** Herbst- oder Frühjahrspflanzung; selbstbefruchtend
**Boden:** anspruchslos, durchlässig, wächst sogar auf leichten Sandböden noch gut, keinesfalls zu nass
**Pflegen:** regelmäßig die abgeernteten, herabhängenden Zweige abschneiden; nach der Ernte auslichten; zur Fruchtreife evtl. Netz gegen »Vogelfraß« spannen
**Ernten:** erst ernten, wenn die Früchte schwarzrot sind; sofort verwenden
**Inhaltsstoffe:** Fruchtsäuren, Fruchtzucker, Vitamin A und C, Kalium, Kalzium
**Sonstige Sorten/Arten:** 'Heimanns Rubin' (sehr saftig), 'Köröser Weichsel' (süß-säuerlich), 'Morellenfeuer' (sehr saftig), 'Schattenmorelle' (aromatisch sauer);
Süßkirschen (*Prunus avium*) bilden eine recht große Krone aus, sind selbstunfruchtbar und brauchen mehr Sonne und Wärme; zum roh Essen pflücken, für Saft oder Marmelade schütteln (vor dem Schütteln ein Tuch unter den Baum legen)

## Zwetschge

*Prunus domestica*

**HÖHE:** 2–8 m
**STANDRAUM:** ca. 20 m$^2$
**ERNTEZEIT:** Juli – Oktober

**Steinobst**

**Anbauen:** Herbst- oder Frühjahrspflanzung; neben selbstbefruchtenden gibt es auch selbstunfruchtbare Sorten
**Boden:** sandig-lehmig, durchlässig, nährstoffreich, gut durchlüftet; verträgt aber auch feuchtere und etwas schwerere Böden
**Pflegen:** rasch- und starkwüchsig und ertragreich, daher fachgerechten Pflanzschnitt durchführen und gelegentlich auslichten; vermeiden Sie sehr steil stehende Astgabeln, denn sie neigen zum Ausbrechen
**Ernten:** die eiförmigen, an beiden Ende zugespitzten Früchte sind vollreif, wenn der Stiel leicht runzelig wird; zum roh essen eher pflücken, für Saft, Mus, Gelee oder Marmelade in vollreifem Zustand schütteln
**Inhaltsstoffe:** Fruchtzucker, Vitamin A und C, Kalium
**Sonstige Sorten/Arten:** 'Bühler Frühzwetschge' (Erntezeit August), 'Ersinger Frühzwetsche' (Erntezeit Juli/August), 'Hauszwetsche'(→ Abb., Erntezeit September/Oktober)

Topfhaltung möglich · lagerfähig · kann eingefroren werden · kann eingemacht werden

## Brombeere
*Rubus fruticosus*

**HÖHE:** 3–5 m
**STANDRAUM:** 1,5–2 $m^2$
**ERNTEZEIT:** Juli – Oktober

**Beerenobst**

**Anbauen:** Frühjahrspflanzung im Abstand von 1–1,5 m; beim Pflanzen die Basisknospen ca. 5 cm mit Erde bedecken; am besten an 2–3 Spanndrähten bis zur Höhe von 1,6 m ziehen; selbstbefruchtend
**Boden:** locker, humos, ausreichend feucht, aber keinesfalls staunass
**Pflegen:** Seitentriebe der Ranken im Sommer (August) auf drei Knospen zurückschneiden; die Früchte bilden sich an den zweijährigen Trieben, diese nach der Ernte abschneiden; Wurzelstöcke im Herbst mit Kompost bedecken
**Ernten:** nur vollreif ernten, reife Brombeeren sind tief schwarzblau und lösen sich ganz leicht ab
**Inhaltsstoffe:** v. a. Vitamin A und Vitamin C, Eisen, Magnesium
**Sonstige Sorten/Arten:** 'Navaho' (Arkansas-Brombeere, aufrechter Säulenwuchs, dornenlos, große Früchte, Erntezeit Aug./Sept.), 'Theodor Reimers' (sehr stachelig, Erntezeit Juli–Sept.), 'Black Satin' (stachellos, Erntezeit August–Oktober)

## Erdbeere
*Fragaria x ananassa*

**HÖHE:** 15–25 cm
**STANDRAUM:** 50 x 25 cm
**ERNTEZEIT:** Juni – Oktober

**Beerenobst**

**Anbauen:** Reihenpflanzung im Juli/August; 50 cm Abstand in der Reihe, 25 cm Abstand zur Nachbarreihe; die Herzknospe auf keinen Fall zu tief setzen; meist selbstbefruchtend
**Boden:** humos, durchlässig, nährstoffreich, optimaler pH-Wert ca. 6
**Pflegen:** im Frühjahr und ein zweites Mal im Juli/August mit Kompost oder Langzeitdünger versorgen; mulchen; nach Fruchtansatz mit Stroh unterlegen; Ausläufer zur Neupflanzung im Juni/Juli abnehmen bzw. auf jeden Fall entfernen; Neupflanzungen im August/September gut wässern
**Ernten:** die Früchte sind am aromatischsten, wenn sie dunkelrot und voll ausgereift sind
**Inhaltsstoffe:** v. a. Vitamin C, Fruchtzucker, Kalium
**Sonstige Sorten/Arten:** 'Evita' (zweimal tragend), 'Hummi' (Klettererdbeere), 'Imtraga-Selektra' (zweimal tragend, Juni und Aug./Sept.), 'Ostara' (mehrmals tragend, Erntezeit Juli–Oktober), 'Senga Sengana' (sehr große Früchte, Erntezeit August)

## Himbeere
*Rubus idaeus*

**HÖHE:** 1,5–2 m
**STANDRAUM:** 1–2 $m^2$
**ERNTEZEIT:** Juni – September

**Beerenobst**

**Anbauen:** Herbst- oder Frühjahrspflanzung; beim Pflanzen die Basisknospen 5 cm mit Erde bedecken; am besten an 2–3 waagerechten Spanndrähten ziehen; selbstbefruchtend
**Boden:** nährstoffreich, durchlässig, humos, pH-Wert ca. 6, ausreichend feucht, aber keinesfalls staunass
**Pflegen:** mit Laub- oder Rindenkompost mulchen; nicht hacken, da die Pflanzen flachwurzelnd sind; mäßig düngen (Kali betont, chloridfrei); die Früchte bilden sich an den zweijährigen Trieben, diese bei der Ernte abschneiden (Ausnahme: erste Ernte der zweimal tragenden Sorten)
**Ernten:** im Jahr nach der Pflanzung erntereif; reife Früchte lösen sich leicht
**Inhaltsstoffe:** Vitamine, Mineralstoffe
**Sonstige Sorten/Arten:** 'Golden Queen' (Erntezeit Aug./Sept., gelbe Früchte), 'Royal' (sehr große Früchte, Erntezeit Sept.), 'Rumiloba' (Erntezeit Sept., sehr widerstandsfähig), 'ZEFA 3' (zweimal tragende Sorte, Erntezeit Juli und September)



Sonne · Halbschatten · Schatten · viel gießen · mäßig gießen · wenig gießen

## Johannisbeere

*Ribes nigrum, Ribes rubrum*

**HÖHE:** 1,5 m
**STANDRAUM:** 1,5–2 $m^2$
**ERNTEZEIT:** Juni – August

**Beerenobst**

**Anbauen:** Herbstpflanzung; die Triebe beim Pflanzen auf ca. 5 Knospen pro Trieb zurückschneiden; Rote und weiße Sorten selbstbefruchtend, aber ertragreicher, wenn mehrere verschiedene Sorten gepflanzt werden, Schwarze Sorten sowohl selbstbefruchtend als auch selbstunfruchtbar
**Boden:** nährstoffreich, humos, ausreichend feucht, aber nicht staunass
**Pflegen:** Rückschnitt alter (ca. 5-jähriger) Triebe nach der Ernte oder im Winter (März) bis zum Boden; jedes Jahr 2–3 neue Triebe nachziehen; mulchen; nicht hacken, da die Pflanzen sehr flach wurzeln
**Ernten:** ganze Trauben abschneiden oder abpflücken, wenn die Einzelfrüchte vollkommen ausgefärbt sind
**Inhaltsstoffe:** v. a. Vitamin C, Pektin, Fruchtsäuren, Mineralstoffe
**Sonstige Sorten/Arten:** 'Red Lake' (rote Früchte),'Rovada' (lange Trauben, dunkelrote Früchte), 'Rote Vierländer' (rote Früchte, robust, ertragreich), 'Titania' (schwarze Früchte), 'Weiße Versailler' (weiße Früchte)

## Jostabeere

*Ribes x nidrigolaria*

**HÖHE:** 1,5–2 m
**STANDRAUM:** 2–2,5 $m^2$
**ERNTEZEIT:** Juli

**Beerenobst**

**Anbauen:** Herbstpflanzung; die stachellosen Triebe beim Pflanzen auf fünf Knospen pro Trieb zurückschneiden; selbstbefruchtend
**Boden:** nährstoffreich, humos
**Pflegen:** regelmäßiger Auslichtungsschnitt der starkwüchsigen Sträucher erstmals nach ca. 3 Jahren; alte Triebe bodeneben abschneiden; mulchen; nicht hacken, da die Pflanzen ausgesprochen flachwurzelnd sind; im Frühjahr Kali betont und chloridfrei düngen; die Kreuzung aus Johannisbeere und Stachelbeere ist sehr gesund und widerstandsfähig gegenüber Mehltau und Gallmilben
**Ernten:** ab Juli nacheinander Einzelfrüchte pflücken, sobald sie ganz dunkel ausgefärbt sind; die Früchte schmecken auch roh, sind aber besonders gut zur Verarbeitung zu Gelee und Marmelade geeignet
**Inhaltsstoffe:** v. a. Vitamin C, Fruchtsäuren, Mineralstoffe
**Sonstige Sorten/Arten:** 'Jogranda' (Erntezeit Anfang Juli), 'Jostine' (Erntezeit Anfang Juli)

## Kiwi

*Actinidia chinensis*

**HÖHE:** 4–8 m
**STANDRAUM:** ca. 3 $m^2$
**ERNTEZEIT:** Okt. – November

**Beerenobst**

**Anbauen:** im Mai im Abstand von 3–4 m an (wind-)geschützte SO- oder SW-Wände setzen; zweihäusige und einhäusige Sorten, bei zweihäusigen unbedingt zwei Pflanzen setzen
**Boden:** humos, tiefgründig, optimaler pH-Wert ca. 6, ausreichend feucht
**Pflegen:** Triebe hochbinden; wenn immer kleinere Früchte ausgebildet werden, Seitentriebe im Juni nach dem 6. Blatt über den Früchten kappen; im Frühjahr und im Juni mit Kompost oder Mineraldünger versorgen; im Winter gut abdecken; Früchte vor Sonnenbrand schützen
**Ernten:** erste Erträge nach etwa 5 Jahren Standzeit; Früchte ernten, solange sie noch etwas hart sind, sie reifen gut nach
**Inhaltsstoffe:** Vitamin C, Kalium, Kalzium
**Sonstige Sorten/Arten:** 'Jenny' (große, behaarte Früchte, selbstbefruchtend), 'Weiki' (kleine, glattschalige Früchte, selbstbefruchtend), 'Weiki-Bavaria'(goldgelbe, haarlose Früchte, winterhart, selbstunfruchtbar)

## Kultur-Heidelbeere

*Vaccinium corymbosum*

**HÖHE:** 40–80 cm
**PFLANZABSTAND:** 1 x 2 m
**ERNTEZEIT:** Juni – September

**Beerenobst**

**Anbauen:** Herbst- oder Frühjahrspflanzung; meist selbstbefruchtend, aber ertragreicher, wenn mehrere verschiedene Sorten gepflanzt werden; auch gut in Töpfen mit geeignetem Substrat zu kultivieren
**Boden:** humos, durchlässig, sauer (pH-Wert 4–5)
**Pflegen:** auf jeden Fall in saures Substrat pflanzen (am besten im Topf); mulchen; regelmäßig nach den ersten Standjahren auslichten und alte Triebe entfernen; im April chloridfrei düngen, 3–5 Wochen vor der Ernte ausreichend wässern
**Ernten:** erste Erträge erst nach ca. 5 Jahren Standzeit; vollreife Beeren sind dunkelblau und lösen sich leicht vom Stiel, ihr Saft färbt – im Gegensatz zur Wald-Heidelbeere – nicht rotblau
**Inhaltsstoffe:** Vitamin A, B und C, Mineralstoffe
**Sonstige Sorten/Arten:** 'Bluecrop' (Erntezeit Juli/Aug.), 'Heideropa' (große Früchte, Erntezeit Ende Juli/Anfang Aug.), 'Reka' (Erntezeit Juli)

## Preiselbeere

*Vaccinium vitis-idaea*

**HÖHE:** 15–30 cm
**PFLANZABSTAND:** 30 x 30 cm
**ERNTEZEIT:** Juli und Sept./Okt.

**Beerenobst**

**Anbauen:** Herbst- oder Frühjahrspflanzung; meist selbstbefruchtend, jedoch ertragreicher, wenn mehrere Sorten gepflanzt werden; Anbau auch in Töpfen mit geeignetem Substrat oder als Unterpflanzung von Kulturheidelbeeren
**Boden:** humos, sauer, optimaler pH-Wert 3–5 (am besten im Topf pflanzen), relativ trocken
**Pflegen:** ein gelegentliches Auslichten alter und abgestorbener Triebe ist ausreichend; mit Rindenkompost, Walderde o. ä. mulchen; vor Winterbeginn ausreichend wässern
**Ernten:** die Früchte können in kleineren Mengen im Juli, in gößeren im September/Oktober geerntet werden; vollreife Früchte sind leuchtend rot
**Inhaltsstoffe:** Vitamin B und viel C, Kalium, Fruchtsäure
**Sonstige Sorten/Arten:** 'Erntesegen' (große Früchte, Erntezeit September), 'Ko-ralle' (mittelgroße, sehr zahlreiche Früchte, Erntezeit September), 'Red Pearl' (sehr große Früchte, Erntezeit Oktober)

## Schwarze Apfelbeere

*Aronia melanocarpa*

**HÖHE:** 1–1,5 m
**PFLANZABSTAND:** 1 x 1 m
**ERNTEZEIT:** August

**Beerenobst**

**Anbauen:** Herbst- oder Frühjahrspflanzung; es werden viele Ausläufer gebildet, die von der Mutterpflanze abgetrennt und als neue Pflanzen wieder eingesetzt werden können; selbstbefruchtend: im Herbst besonders zierend durch rote Laubfärbung
**Boden:** anspruchslos; wächst auf fast allen Böden, verträgt allerdings keine Staunässe
**Pflegen:** der starkwüchsige Strauch ist äußerst anspruchslos und frosthart und benötigt keinen regelmäßigen Schnitt, lediglich abgestorbene Triebe sollten von Zeit zu Zeit entfernt werden
**Ernten:** die halbsäuerlichen Beeren sind erntereif, wenn sie glänzend schwarz ausgefärbt sind; schmecken roh etwas fad, eignen sich aber gut zur Verarbeitung zu Gelee, Saft und Marmelade
**Inhaltsstoffe:** reich an Vitaminen und Mineralstoffen
**Sonstige Sorten/Arten:** 'Viking' (Erntezeit August, nicht ganz so starkwüchsig)

## Stachelbeere

*Ribes uva-crispa*

**HÖHE:** 1,5 m
**PFLANZABSTAND:** 1,5–2 m
**ERNTEZEIT:** Juni – Juli

**Beerenobst**

**Anbauen:** Herbstpflanzung; selbstbefruchtend, aber ertragreicher, wenn mehrere verschiedene Sorten gepflanzt werden
**Boden:** nährstoffreich, humos, durchlässig, nicht zu trocken
**Pflegen:** mit Kompost düngen; mulchen; nicht hacken, Stachelbeeren sind Flachwurzler; jedes Jahr ausschneiden, der Strauch sollte 10–12 ein- bis zweijährige Triebe haben, dann ist er leichter zu beernten; Hochstämmchen gut stützen
**Ernten:** Beeren zum Frischverzehr vollreif ernten, zum Einfrieren oder zur Verarbeitung zu Kompott und Marmelade halbreif oder grünreif ernten, weil die Beeren dann weniger Säure enthalten und weniger Zucker benötigen
**Inhaltsstoffe:** reich an Vitamin C, Fruchtzucker und Fruchtsäuren
**Sonstige Sorten/Arten:** 'Invictus' (honiggelbe Früchte), 'Mucurines' (grüne Früchte), 'Rexrot' (dunkelrote Früchte), 'Risulfa' (gelbe Früchte), 'Rolonda' (rote Früchte)

## Tafeltraube

*Vitis vinifera*

**HÖHE:** 2–6 m
**STANDRAUM:** 2,5–4 $m^2$
**ERNTEZEIT:** August – Oktober

**Beerenobst**

**Anbauen:** Frühjahrspflanzung an geschützte, windstille Plätze in Süd-, SO- oder SW-Lage (mind. 20 cm Abstand zur Wand halten!); beim Einsetzen Rückschnitt auf das erste Auge, Veredelungsstelle leicht mit Erde bedecken; selbstbefruchtend
**Boden:** durchlässig, Staunässe und extreme Trockenheit vermeiden
**Pflegen:** regelmäßig Rückschnitt der Triebe im Frühjahr auf 2–4 Augen pro Austrieb; nach dem Austreiben waagrecht oder fächerförmig an Drähte binden; im Juli nicht tragende Triebe und Laub einkürzen, damit die Früchte genügend Sonne und Licht zur Ausreife bekommen
**Ernten:** nur voll ausgereifte Früchte ernten (probieren!)
**Inhaltsstoffe:** reich an Vitaminen, Fruchtzucker, Kalium
**Sonstige Sorten/Arten:** 'Boskoop's Glorie' (blaue Trauben, Mehltau resistent), 'Lakemont'(weiße, kernlose Trauben), 'Phoenix' (weiße Trauben), 'Roter Gutedel' (rote Trauben), 'Vanessa' (rote, kernlose Trauben)

## Taybeere

*Rubus fruticosus x Rubus idaeus*

**HÖHE:** 3–4 m
**STANDRAUM:** 1–1,5 $m^2$
**ERNTEZEIT:** Juli – August

**Beerenobst**

**Anbauen:** Frühjahrspflanzung an geschütztem Standort; beim Pflanzen die Basisknospen ca. 5 cm mit Erde bedecken; 5–6 kräftige Triebe an 2–3 Spanndrähten bis zur Höhe von 1,6 m ziehen, selbstbefruchtend
**Boden:** locker, humos, ausreichend feucht, aber keinesfalls staunass
**Pflegen:** Rückschnitt der Seitentriebe der Ranken auf drei Knospen im August, im Frühjahr bodenebener Rückschnitt der abgetragenen Triebe des letzten Jahres; die Früchte bilden sich an den zweijährigen Trieben
**Ernten:** die großen Früchte der Kreuzung aus Brombeere und Himbeere sind erntereif, wenn sie voll ausgefärbt sind und sich leicht lösen lassen; sie schmecken roh etwas fad, eignen sich jedoch zur Verarbeitung zu Saft, Gelee und Marmelade
**Inhaltsstoffe:** Vitamine
**Sonstige Sorten/Arten:** 'Medana' (große, tiefrote Beeren, sehr ertragreich); auch bei Loganbeere und Boysenbeere handelt es sich um Kreuzungen aus Himbeere und Brombeere

Topfhaltung möglich · lagerfähig · kann eingefroren werden · kann eingemacht werden

# Wildgemüse

## ANSPRUCHSLOS UND SCHMACKHAFT

| | Name | Kurzinfo | Boden | Anbau/Pflege | Ernte | Verwendung |
|---|---|---|---|---|---|---|
|  | Gartenmelde *Atriplex hortensis* | | locker, durchlässig, nicht zu trocken | Aussaat ab Mai, nach dem Aufgehen auf ca. 5 cm vereinzeln, gleichmäßig feucht halten, starke Selbstaussaat | entweder laufend einzelne Blätter oder ganze Pflanze bei einer Höhe von 15–20 cm bis kurz vor der Blüte ernten | für Suppen und Soßen; wie Spinat dünsten, nicht in großen Mengen verwenden |
|  | Löwenzahn *Taraxacum officinale* | | tiefgründig, nährstoffreich, nicht zu trocken | mehrjährige Pflanze; Aussaat im Mai; starke Selbstaussaat durch »Pustenblumen« | laufend junge Blätter ernten; im Frühjahr auch Blüten und Knospen | frische Blätter für Salate, gedünstet als Gemüse, getrocknet für Tee; Knospen dünsten oder wie Kapern einlegen; Blüten als essbare Dekoration |
|  | Pastinake *Pastinaca sativa* | | lehmiger Boden, auch auf etwas sandigen Böden, humos, durchlässig | Aussaat ab März/April, frisches Saatgut verwenden, da nur kurz keimfähig, Pflege ähnlich wie Möhre | Wurzeln können den Herbst über und auch im Winter geerntet werden, ab Blütenansatz nicht mehr ernten | roh in Salaten oder gedünstet wie Möhren; können auch wie diese eingelagert werden; enthalten mehr Vitamin C als Möhren! |
|  | Sauerampfer *Rumex acetosa* | | tiefgründig, nährstoffreich, feucht | mehrjährige Pflanze; Jungpflanzen im Frühjahr oder Herbst setzen, Aussaat im Oktober | frische junge Blätter im Frühjahr vor der Blüte ernten | für Salate, Suppen, Soßen, Kräuterquark, Omelett, wie Spinat dünsten, nicht in großen Mengen verwenden, sonst magenreizend |
|  | Spargelsalat *Lactuca sativa* var. *angustana* | | humos, locker, durchlässig, nährstoffreich | Aussaat ab März/April, weitere Folgesaat bis zum Sommer möglich, aber schlechte Keimung bei hohen Temperaturen (ab ca. 25 °C) | laufend junge Blätter und Stängel ernten | junge Blätter und Stängel können roh als Salat gegessen und als Gemüse gedünstet werden, gut in asiatischen Gerichten |
|  | Wilde Salatrauke *Eruca selvatica* | | humos, durchlässig, nicht zu trocken | Aussaat von März bis September; abgelagertes Saatgut verwenden, da frisches schlecht keimt; jährlich Anbaufläche wechseln | laufend junge Blätter vor der Blüte ernten; nicht zu tief abschneiden, damit die Pflanze weiterwächst | frische, junge Blätter roh für Salate und kurz gedünstet wie Spinat verwenden |

 Sonne · Halbschatten · Schatten · viel gießen · mäßig gießen · wenig gießen

# Wildfrüchte

## WÜCHSIG UND ERTRAGREICH

| | Name | Kurzinfo | Boden | Anbau/Pflege | Ernte | Verwendung |
|---|---|---|---|---|---|---|
|  | Felsenbirne *Amelanchier lamarckii* | | humos, Kalk liebend, sandig-kiesig, leicht feucht | Standraum 4–6 m²; gut in gemischten, locker wachsenden Hecken oder in Einzelstellung | Früchte können halbreif (rotviolett) und vollreif (schwarzviolett) geerntet werden | die Früchte können roh gegessen werden; Verarbeitung als Kuchenbelag oder Marmelade |
|  | Haselnuss *Coryllus avellana* | | tiefgründig, nährstoffreich, kiesig-lehmig, leicht kalkhaltig, mäßig feucht | Standraum 5–8 m²; Herbstpflanzung, auslichten, d.h. alle paar Jahre alte Äste möglichst weit unten abschneiden | für reiche Ernte 2–3 verschiedene Sorten pflanzen | zum Aufbewahren die grünen Hüllblätter entfernen und die Nüsse kühl und trocken lagern |
|  | Hundsrose *Rosa canina* | | tiefgründig, leicht lehmig, wächst auch auf steinig-sandigen Böden, trocken bis leicht feucht | Standraum 4–5 m²; gut in gemischten, locker wachsenden Hecken; im Frühjahr vor dem Austrieb regelmäßig auslichten | Hagebutten ernten, wenn sie voll ausgefärbt sind; die Hagebutten aller Rosenarten sind essbar | roh essbar, Verarbeitung zu Gelee, Marmelade, Saft, Wein; zum Verarbeiten Kerne sorgfältig entfernen; sehr Vitamin-C-reich |
|  | Kornelkirsche *Cornus mas* | | locker, durchlässig, kalkhaltig, auf sandig-kiesigen Böden, wächst auch auf Lehm-/Tonböden | Standraum 4–6 m²; Frühjahrspflanzung; gut in gemischten, locker wachsenden Hecken; gelegentlich auslichten | die Früchte sind erntereif, wenn sie sich dunkel schwarzrot ausfärben und sich ganz leicht von den Zweigen lösen | die Früchte können roh gegessen werden; Verarbeitung zu Gelee und Marmelade |
|  | Sanddorn *Hippophae rhamnoides* | | locker, durchlässig, kalkhaltig, tiefgründig, mager, sandig-kiesig, mäßig trocken bis leicht feucht | Standraum 2–4 m²; Einzelstellung; kann auf passendem Standort viele Wurzelausläufer bilden; keinen Rindenmulch verwenden | männliche und weibliche Pflanzen setzen, sonst kein Fruchtansatz; Beeren ernten, wenn sie beginnen, weich zu werden | Verarbeitung zu Gelee, Marmelade und Saft; sehr vitaminreich (Vitamin C, Provitamin A), Vitamine sind hitzebeständig |
|  | Schwarzer Holunder *Sambucus nigra* | | am liebsten auf schweren Lehm-/Tonböden, nährstoffreich | Standraum 5–8 m²; gut in gemischten, locker wachsenden Hecken; starkwüchsig; alle paar Jahre alte Äste weit unten abschneiden | die reifen schwarzen Beeren ernten; ganze Dolden abschneiden und Beeren mit einer Gabel abstreifen | Verarbeitung zu Saft, Gelee, Kompott; roh nicht in größeren Mengen essen |

Topfhaltung möglich · lagerfähig · kann eingefroren werden · kann eingemacht werden

## Januar

- Letztes Wintergemüse auf den Beeten ernten
- Gelagertes Obst und Gemüse überprüfen, schrumpelige oder faulende Früchte aussortieren und verarbeiten; eventuell Lagersand etwas befeuchten
- Anbauplan anfertigen und mit dem Vorjahresplan abgleichen (Anbaupausen und Nachbarpflanzen beachten!)
- Alles, was Sie für die kommende Gartensaison brauchen, wie Anzuchterde, Töpfe, Zimmergewächshaus, Folie, Vlies, Saatgut u. Ä. jetzt in Ruhe auswählen und bestellen

## Februar

- Letztes Wintergemüse auf den Beeten ernten
- Erste Aussaaten am Fensterbrett oder im Gewächshaus
- Ersten Spinat ins Freie säen
- An frostfreien Tagen Apfel- und Birnbäume, Johannis- und Stachelbeeren schneiden
- Gelagertes Obst und Gemüse überprüfen

## März

- An frostfreien Tagen Steinobst und Weinreben schneiden
- Obstgehölze pflanzen
- Die ersten Aussaaten pikieren und weitere Aussaaten am Fensterbrett oder im Gewächshaus anlegen
- Wenn der Boden ausreichend abgetrocknet ist, Aussaatbeete vorbereiten
- Kompost in bereits fertige Beete, unter Sträuchern und Bäumen einarbeiten
- Erste Aussaaten im Freien unter Folie und Vlies
- Knoblauch und Zwiebeln stecken
- Gründüngung aussäen

# Der Küchengarten rund ums Jahr

## Juli

- Haupterntezeit von Salat, Gemüse und erstem Beerenobst
- Beete und Töpfe bekommen »Futter« in Form von Kompost, Fertigdünger und Pflanzenjauchen
- Gießen, gießen, gießen!
- Lauch anhäufeln, damit sich kräftige, weiße Stangen entwickeln
- Tomaten regelmäßig ausgeizen und entspitzen, Stabtomaten aufbinden
- Weinreben auslichten
- Erstes Herbst- und Wintergemüse säen oder pflanzen

## August

- Immer noch gießen, gießen, gießen!
- Jäten, mulchen, hacken, ernten
- Auf freie Flächen schon Gründüngung aussäen
- Ab Mitte/Ende August nicht mehr düngen
- Sommerschnitt an Obstgehölzen vornehmen
- Beerensträucher beernten und danach zurückschneiden
- Erdbeerableger abnehmen und neu einpflanzen
- Folgesaaten von Radieschen, Rettich, Rukola und Asia-Salaten vornehmen

## September

- Ab jetzt wurzelnackte oder ballierte Obstgehölze pflanzen
- Kalium und Kalk als Vorratsdüngung ausbringen
- Obst ernten
- Erstes Lagergemüse ernten und kühl einlagern
- Leimringe gegen Frostspanner an den Obstbäumen anbringen
- Knoblauch und Lagerzwiebeln ernten, gut abtrocknen lassen
- Wintersorten von Feldsalat, Spinat und Portulak aussäen
- Tomatenreife mit Folienhauben fördern und sichern
- Gründüngung aussäen

## April

- Weitere Aussaaten am Fensterbrett oder im Gewächshaus vornehmen
- Aussaaten regelmäßig feucht halten, aufgehende Saaten bei Bedarf pikieren
- Frühbeetkasten bauen
- Hochbeet anlegen
- Saaten mit Netzen vor Vogelfraß schützen, Kulturschutznetze gegen Insekten auflegen
- Auf Schnecken und Schneckeneier achten, sofort absammeln
- Aufgehendes Unkraut jäten
- Weinrebe und Kiwi pflanzen, zum Schutz vor Spätfrösten aber Abdeckmaterial bereitlegen

## Mai

- Nach den »Eisheiligen« (Mitte Mai) beginnt die Freilandsaison: Jetzt kann direkt aufs Beet gesät oder gepflanzt werden
- Vor Spätfrösten Folie oder Vlies auflegen
- Aussaaten und Pflanzungen regelmäßig gießen, die Beete von Unkraut frei halten, Mulch ausbringen
- Erste Salate und Radieschen aus dem Frühbeet ernten
- Apfelwickler-Lockstofffallen in die Apfelbäume hängen
- Erdbeeren mit Stroh unterlegen, damit die angesetzten Früchte nicht faulen

## Juni

- Die Haupterntezeit von früh gepflanztem Salat und Gemüse beginnt
- Kräuterbrühen und -jauchen für Pflanzenschutz- und Pflegemaßnahmen ansetzen
- Bewässerungssysteme für Töpfe und Gefäße auf dem Balkon jetzt installieren und noch vor der Urlaubssaison einen »Probelauf« starten
- Regelmäßig gießen, Unkraut jäten, düngen und auf Schädlingsbefall achten
- Das erste Obst ernten: Erdbeeren, Heidelbeeren, Johannisbeeren, Jostabeeren, Stachelbeeren

Wenn Sie beim Säen, Pflanzen, Pflegen und Ernten von Obst, Gemüse und Salat den richtigen Zeitpunkt beachten, dann sind Ihnen die Erfolge in Ihrem Küchengarten schon fast sicher.

## Oktober

- Kompost umsetzen
- Beete mit schwerer, lehmiger Erde umgraben
- Winterkulturen wie Feldsalat für die Winterernte mit Reisig oder Folientunnel abdecken
- Kalium und Kalk als Vorratsdüngung ausbringen
- Letzten Winterspinat säen
- Späte Obstsorten ernten
- Restliches Lagergemüse ernten und einlagern
- Fanggürtel gegen Apfelwickler entfernen
- Weißanstrich an Obstbäumen
- Frühbeet anlegen

## November

- Töpfe mit Obstgehölzen auf Balkon und Terrasse mit Vlies oder Noppenfolie winterfest machen
- Noch auf dem Beet stehendes Wintergemüse an frostfreien Tagen ernten
- Lagerobst und Lagergemüse durchsehen
- Winterabdeckungen auf dem Beet kontrollieren

## Dezember

- Leimringe gegen Frostspanner entfernen
- Gelagertes Obst und Gemüse überprüfen, gegebenenfalls aussortieren und verarbeiten
- Weißanstrich an Obstbäumen nachholen oder erneuern
- Spalierobst mit Reisig, Bastmatten oder Jutesäcken vor Wintersonne schützen
- Anbau- und Beetbelegungsplan erstellen, auf Anbaupausen und Nachbarn achten!
- Material für Hoch- und Frühbeete auswählen, bestellen oder kaufen

# Register

**Halbfette** Seitenzahlen verweisen auf Abbildungen.

## A



## B



## C



## D



## E



## F

## Gute und schlechte Nachbarn

| Gemüseart | Gute Nachbarn | Schlechte Nachbarn |
|---|---|---|
| **Buschbohnen** | Erdbeeren, Kohlarten, Kohlrabi, Rote Bete, Salat | Erbsen, Fenchel, Knoblauch, Lauch, Zwiebeln |
| **Erbsen** | Fenchel, Gurken, Kohlarten, Kohlrabi, Möhren, Salat, Zucchini | Bohnen, Lauch, Tomaten, Zwiebeln |
| **Erdbeeren** | Bohnen, Knoblauch, Salat, Zwiebeln | – |
| **Fenchel** | Erbsen, Gurken | Bohnen, Tomaten |
| **Gurken** | Bohnen, Erbsen, Fenchel, Kohlrabi, Lauch, Mais | Radieschen, Tomaten |
| **Kohlgewächse** | Bohnen, Erbsen, Lauch, Rote Bete, Salat, Sellerie, Spinat, Tomaten | Erdbeeren, Knoblauch, Zwiebeln |
| **Kohlrabi** | Kopfsalat, Lauch, Sellerie | – |
| **Kopfsalat** | Bohnen, Erbsen, Erdbeeren, Gurken, Kohlarten, Kohlrabi, Kresse, Lauch, Möhren, Radieschen, Tomaten | Sellerie |
| **Lauch** | Möhren, Sellerie, Tomaten | Bohnen, Erbsen, Rote Bete |
| **Mangold** | Möhren, Kohlarten, Kohlrabi, Rettich | Rote Bete |
| **Möhren** | Knoblauch, Lauch, Salat, Zwiebeln | Rote Bete |
| **Radieschen/Rettich** | Bohnen, Kopfsalat, Möhren | Gurken |
| **Sellerie** | Bohnen, Kohlrabi, Lauch | Kopfsalat |
| **Spinat** | Tomaten | Feldsalat, Mangold, Rote Bete |
| **Tomaten** | Bohnen, Kohlrabi, Lauch, Möhren, Sellerie, Spinat | Erbsen, Fenchel |
| **Zucchini** | Erbsen | – |
| **Zwiebeln** | Erdbeeren, Gurken, Möhren, Salat | Buschbohnen, Erbsen, Kohlarten |

# Adressen

## Bodenuntersuchung

Auskunft über Institutionen in Ihrer Nähe erteilt:

**Verband Deutscher Landwirtschaftlicher Untersuchungs- und Forschungsanstalten (VDLUFA) c/o LUFA**
Obere Langgasse 40
67346 Speyer
www.vdlufa.de

## Verbände

**Bund Deutscher Staudengärtner im ZVG e.V.**
Godesberger Allee 142–148
53175 Bonn
www.stauden.de

**Deutsche Gartenbaugesellschaft 1822 e.V.**
Haus der Land- und Ernährungswirtschaft in Berlin
Claire-Waldoff-Str. 7
10177 Berlin
www.dgg1822.de

**Österreichische Gartenbaugesellschaft**
Siebeckstr. 14, Top 1.4
A–1220 Wien
www.garten.or.at

## Pflanzenschutzmittel

**W. Neudorff GmbH KG**
An der Mühle 3
31860 Emmerthal
www.neudorff.de

## Versand von Samen und Pflanzen

**Ahrens + Sieberz KG**
53718 Siegburg
www.as-garten.de

**Bruno Nebelung GmbH Kiepenkerl-Pflanzenzüchtung**
Postfach 1263
48348 Everswinkel
www.nebelung.de

**Gärtner Pötschke GmbH**
Beuthener Straße 4
41564 Kaarst
www.poetschke.de

**N.L. Chrestensen Erfurter Samen- und Pflanzenzucht GmbH**
Witterdaer Weg 6
99092 Erfurt
www.gartenversandhaus.de

## Baumschulen

Allgemeine Auskunft über Baumschulen in Ihrer Nähe erteilen:

**Bund Deutscher Baumschulen e.V. (BdB)**
Bismarckstraße 49
25421 Pinneberg
www.bund-deutscher-baumschulen.de

**Bundesfachsektion Baumschulen und Staudengärtner im Bundesverband der Österreichischen Gärtner**
Haidestr. 22
A–1110 Wien
www.baumschulinfo.at

**Verband Schweizerischer Baumschulen/Jardin Suisse**
Forchstr. 287
CH–8008 Zürich
www.jardinsuisse.ch

**GEVO Gesellschaft für Erwerb und Vertrieb von Obstgehölzneuheiten**
Im Breiten Löhle 18
72622 Nürtingen
www.gevo.info

## Zubehör

**Bloom Gartenlust**
www.raeder.de
(Gärtnerbesteck, Design: Speck-Schifferer)

### DANK

Verlag und Autorin danken der W. Neudorff GmbH KG in Emmerthal für die freundliche Unterstützung.

# Literatur

**Das große GU Praxishandbuch Garten.** Gräfe und Unzer Verlag, München

Haas, Hansjörg: **Pflanzenschnitt.** Gräfe und Unzer Verlag, München

Haas, Hansjörg: **Obstgehölze schneiden.** Gräfe und Unzer Verlag, München

Barlage, Andreas; Goss, Brigitte; Schuster, Thomas: **Quickfinder Gartenjahr.** Gräfe und Unzer Verlag, München

# Gartenlust pur

## GU PFLANZENPRAXIS – Gärtnern wie ein Profi

ISBN 978-3-8338-0191-4
128 Seiten

ISBN 978-3-7742-6765-7
128 Seiten

ISBN 978-3-7742-6764-0
128 Seiten

ISBN 978-3-8338-0598-1
128 Seiten

ISBN 978-3-7742-8840-9
128 Seiten

ISBN 978-3-8338-0189-1
128 Seiten

### Das macht sie so besonders:

**Das Plus an Praxis** – alle Arbeiten step by step

**Frage & Antwort** – guter Rat vom Gartenexperten

**Auf einen Blick** – Material, Werkzeug und Zubehör

GU

Willkommen im Leben.

## BILDNACHWEIS

Baumjohann: 78/1, 80/2, 80/3, 81/8, 81/11, 82/2, 82/4, 83/7, 83/8, 83/9, 83/11, 83/12; Bieker: 4li., 5re.; Borstell: 11, 20, 104mi., 113mi.; Buchter: 82/5; Caspersen: 6/1, 24, 25, 44, 84; Fischer: 111li.; FloraPress: 27; GAP/Borkowski: 96/4; Gardena: 72; Gartenfoto.at: 30/3, 90/2, 100li., 101re., 102li., 103re., 105li., 114li., 116mi., 118/3, 118/4; Haas: 94re.; Hansen: 8, 95, 101mi., 112re., 115li.; Hempfling: 22, 41li., 41mi., 41re.; Kompatscher: 96/3; Kuttig: 80/1, 80/4, 81/9, 81/12; Laux: 21, 77/1, 99mi., 102mi., 104li., 104re., 105re., 106li., 108mi., 108re., 109li., 116li., 117mi., 118/1, 118/5, 119/3, 119/5, 119/6; Müller: 23; Nickig: 15u., 102re., 105mi., 110o., 115mi., 117re.; Pforr: 73u., 79/5, 82/1, 82/3, 82/6, 94li., 101li., 119/2; Redeleit: 4re., 16, 42re., 43li., 43mi., 43re., 58, 61/5, 68, 77/3, 78/2, 79/3, 90/1, 90/5, 107li., 118/2, 121o.; Reinhard: 17, 77/4, 79/4, 80/5, 80/6, 81/10, 90/4, 99li., 100mi., 103li., 103mi., 106re., 107mi., 107re., 108li., 112li., 116re., 119/4; Sachse: 83/10; Schaefer: 81/7; Schneider-Will: 1, 5li., 4u., 6/3, 6/4, 9, 10, 13, 14, 15o., 18, 19, 30/1, 30/4, 32, 33, 34o., 35o., 34u., 35u., 35re., 36, 37o., 37u., 39/1, 39/2, 39/3, 39/4, 46, 47, 48, 49, 51/1, 51/2, 51/3, 51/4, 52/1, 53/2, 53/3, 53/4, 55/1, 55/2, 55/3, 57/1, 57/2, 57/3, 57/4, 57/5, 59, 60/1, 60/2, 61/3, 61/4, 63/1, 63/2, 63/3, 63/4, 64, 65/1, 65/2, 65/3, 66/1, 66/2, 66/3, 70, 73o., 86, 87, 88, 89o., 89u., 90/3, 98li., 98o., 99re., 100re., 109re., 110u.li., 112mi., 114mi., 115re., 117li., 118/6, 119/1, 120, 121u., U4/1, U4/2, U4/3; Strauß: 6/2, 26, 30/2, 111mi., 111re., 113li., 113re., 114re.; Strauß/GBA: 77/2, 106mi.; Timmermann: 2–3, 12, 28, 71, 96/1, 96/2, 109mi; Wilker: U1.

**Syndication:**
www.jalag-syndication.de

**Illustrationen** von Heidi Janiček, München.

**Fotos im Innenteil:**
S. 6: blühende Apfelbäume (o.li.), Zucchini im Topf (o.re.), Gemüsegarten mit Kürbis und Mehlsalbei (u.li.), Gemüsegarten mit Lauch und Möhren (u.re.); S. 30: Johannisbeerernte (o.li.), Balkonkasten mit Tomaten, Salbei und Petersilie (o.re.), Birnenspalier (u.li.), Stielmangold in Reihenpflanzung (u.re.); S. 96: Zucchiniblüten (o.li.), Buschbohnen an Kletterstäben (o.re.), Gemüsegarten (u.li.), Pflaumenernte (u.re.).

## DIE AUTORIN

Renate Hudak ist diplomierte Gartenbau-Ingenieurin. Nach ihrem Studium arbeitete sie mehrere Jahre in verschiedenen Baumschulen und Garten-Planungsbüros. Seit 1993 ist sie im Botanischen Garten Augsburg tätig. Dort ist sie für Bürgerberatung, Presse- und Öffentlichkeitsarbeit zuständig und organisiert ein umfangreiches Veranstaltungsprogramm. Darüber hinaus hält sie Seminare zum Thema Küchengarten.

## BESONDERE HINWEISE

- Die meisten der vorgestellten Arten und Sorten sollten nicht im Übermaß verzehrt werden.
- Bohnen sind roh in größeren Mengen giftig und müssen vor Genuss gekocht werden. Das Gleiche empfiehlt sich auch für Erbsen.
- Bewahren Sie Dünge- und Pflanzenschutzmittel für Kinder und Haustiere unerreichbar auf.
- Wenn Sie sich bei der Arbeit verletzen, sollten Sie umgehend einen Arzt aufsuchen. Eventuell ist eine Impfung gegen Tetanus erforderlich.

## IMPRESSUM



Redaktion: Angelika Holdau
Lektorat: Sonnhild Bischoff
Bildredaktion: Daniela Leimbach
Umschlaggestaltung und Layout: independent Medien-Design, Horst Moser, München
Produktion: Susanne Mühldorfer
Satz: Ludger Vorfeld, München
Reproduktion: Penta Repro, München
Druck & Bindung: Firmengruppe Appl, Wemding

Printed in Germany

ISBN 978-3-8338-0408-3

3. Auflage 2010

GRÄFE UND UNZER

*Ein Unternehmen der*
GANSKE VERLAGSGRUPPE